No Practicamos la Vergüenza

No Practicamos la Vergüenza

Cómo la Pertenencia Cura lo que la Adicción Quiebra

bajo la supervisión de
Ryan Canaday

Elementos esenciales de la teología

DTL

Library of Congress Cataloging-in-Publication Data
Datos de catalogación en publicación de la Biblioteca del Congreso

Ryan Canaday (creador).
[We Don't Do Shame: How Belonging Heals What Addiction Breaks /
Ryan Canaday]
No Practicamos la Vergüenza: Cómo la Pertenencia Cura lo que la
Adicción Quiebra / Ryan Canaday
137 + xiii pp. cm. 12.7 x 20.32
ISBN 979-8-89731-981-7 (Libro de bolsillo)
ISBN 979-8-89731-208-5 (E-libro)
ISBN 979-8-89731-218-4 (Kindle)

      1. Movimiento de recuperación — Aspectos religiosos —
      Cristianismo.
      2. Abuso de sustancias — Aspectos religiosos — Cristianismo.
      3. Trabajo de la iglesia con personas con adicciones.
BV4635 .C3618 2025

Este libro está disponible en otros idiomas en
www.DTLPress.com

Imagen de la portada: Creado por Ryan Canaday, con ayuda
de IA

Contenido

Prefacio de la Serie

La inteligencia artificial (IA) está cambiando todo, incluida la educación y la investigación teológica. Esta serie, *Elementos esenciales de la teología (Theological Essentials)*, está diseñada para aprovechar el potencial creativo de la IA en el ámbito de la educación teológica. En el modelo tradicional, un académico con dominio del discurso teológico y una trayectoria docente exitosa pasaría varios meses—o incluso años—escribiendo, revisando y reescribiendo un texto introductorio. Luego, este texto sería transferido a una editorial que invertiría meses o años en los procesos de producción. Aunque el producto final era predecible, este proceso lento y costoso elevaba el precio de los libros de texto. Como resultado, los estudiantes de países desarrollados pagaron más de lo debido por los libros, y los estudiantes de países en desarrollo generalmente no tuvieron acceso a estos libros de texto (de costo prohibitivo) hasta que aparecieron como descartes y donaciones décadas después. En generaciones anteriores, la necesidad de garantizar la calidad —en forma de generación de contenido, revisión experta, edición y tiempo de impresión— pudo haber hecho inevitable este enfoque lento, costoso y excluyente. Sin embargo, la IA lo está cambiando todo.

Esta serie es diferente; está creada por IA. La portada de cada volumen identifica la obra como "creada bajo la supervisión de" un experto en el campo. Sin embargo, esa persona no es un autor en el sentido tradicional. El creador de cada volumen ha sido capacitado por el personal de la Digital Theological Library (DTL) en el uso de IA y ha empleado la IA para generar, editar, revisar y recrear el texto que se presenta. Con este proceso de creación claramente identificado, presentamos los objetivos de esta serie.

Nuestros Objetivos

Credibilidad: Aunque la IA ha logrado —y sigue logrando— avances significativos en los últimos años, ninguna IA sin supervisión puede crear un texto verdaderamente confiable o plenamente acreditado a nivel universitario o de seminario. Las limitaciones del contenido generado por IA a veces surgen de deficiencias en los datos de entrenamiento, pero más a menudo la insatisfacción de los usuarios con el contenido generado por IA proviene de errores humanos en la formulación de indicaciones (prompt engineering). DTL Press ha trabajado para superar ambos problemas contratando académicos con experiencia reconocida para supervisar la creación de los libros en sus respectivas áreas de especialización y capacitándolos en el uso de IA para la generación de contenido. Para mayor claridad, el académico cuyo nombre aparece en la portada ha creado el volumen, generando, leyendo, regenerando, releyendo y revisando el trabajo. Aunque el contenido ha sido generado en diversos grados por IA, la presencia de los nombres de nuestros académicos en la portada garantiza que el contenido es tan confiable como cualquier otro texto introductorio elaborado mediante el modelo tradicional.

Estabilidad: La IA es generativa, lo que significa que la respuesta a cada indicación se genera de forma única para esa solicitud específica. No hay dos respuestas generadas por IA exactamente iguales. La inevitable variabilidad de las respuestas de la IA representa un importante desafío pedagógico para profesores y estudiantes que desean iniciar sus debates y análisis basándose en un conjunto compartido de ideas. Las instituciones educativas necesitan textos estables para evitar el caos pedagógico. Estos libros proporcionan ese texto estable a partir del cual enseñar, debatir y fomentar ideas.

Accesibilidad económica: DTL Press está comprometida con la idea de que el costo no debe ser una barrera para el conocimiento. *Todas las personas tienen el mismo derecho a aprender y comprender.* Por ello, todas las versiones electrónicas de los libros publicados por DTL Press están disponibles de forma gratuita en las bibliotecas de la DTL, y las versiones impresas se pueden obtener por un precio nominal. Expresamos nuestro agradecimiento a los académicos que contribuyen con su labor y han optado por renunciar a los esquemas tradicionales de regalías. (Nuestros creadores reciben compensación por su trabajo generativo, pero no perciben regalías en el sentido tradicional).

Disponibilidad global: DTL Press desea ofrecer libros de texto introductorios de alta calidad y bajo costo a todos, en todo el mundo. Los libros de esta serie están disponibles de inmediato en varios idiomas. DTL Press creará traducciones a otros idiomas si se solicita. Las traducciones son, por supuesto, generadas por IA.

Nuestras Limitaciones Reconocidas

Algunos lectores probablemente pensarán: "pero la IA solo puede producir investigación derivativa; no puede crear estudios innovadores y originales." Esta crítica es, en gran medida, válida. La IA se limita principalmente a agrupar, organizar y reformular ideas preexistentes, aunque en ocasiones de formas que pueden acelerar y refinar la producción de nuevas investigaciones. Aun reconociendo esta limitación inherente, DTL Press ofrece dos comentarios: (1) Los textos introductorios rara vez buscan ser innovadores en su originalidad y (2) DTL Press cuenta con otras series dedicadas a la publicación de investigación original con autoría tradicional.

Nuestra Invitación

DTL Press busca transformar el mundo de la publicación académica en el ámbito teológico de dos maneras. En primer lugar, queremos generar textos introductorios en todas las áreas del discurso teológico, de modo que nadie se vea obligado a "comprar un libro de texto" en ningún idioma. Nos imaginamos un futuro en el que los profesores puedan utilizar uno, dos o incluso una serie completa de estos libros como textos introductorios en sus cursos. En segundo lugar, buscamos publicar monografías académicas con autoría tradicional para su distribución gratuita en acceso abierto, dirigidas a una audiencia académica avanzada.

Finalmente, DTL Press es una editorial no confesional, por lo que publicará obras en cualquier área de los estudios religiosos. Los libros de autoría tradicional son sometidos a revisión por pares, mientras que la creación de libros introductorios generados por IA está abierta a cualquier experto con la preparación adecuada para supervisar la generación de contenido en su respectiva área de especialización.

Si compartes el compromiso de DTL Press con la credibilidad, accesibilidad económica y disponibilidad global, te invitamos a participar en esta iniciativa y contribuir a cambiar el mundo de la publicación teológica, ya sea a través de esta serie o mediante libros de autoría tradicional.

Con grandes expectativas,

Thomas E. Phillips

Director Ejecutivo de DTL Press

Prefacio del Autor

Algunas de las historias en este libro fueron generadas con inteligencia artificial. Transmiten un amplio espectro de experiencias de vida. Todas ellas hablan de las preguntas reales, las dudas, las luchas y los anhelos que abarcan la vida en la adicción y la recuperación, así como el camino espiritual. Usar la IA de esta manera también ayuda a proteger el anonimato sin dejar de contar la verdad de la lucha.

Quienes luchan contra la adicción, y sus seres queridos que luchan junto a ellos, a menudo sienten que apenas pueden resistir. Existe un verdadero sentido de desesperanza y de vacío. Las historias en estas páginas sostienen esa tensión con honestidad, pero también recuerdan que hay una salida del caos. La desesperación no tiene la última palabra.

En mi trabajo, y en mi propia recuperación, encuentro historias como estas de manera regular.

RYAN

Introducción

"Nosotros no hacemos vergüenza"

Soy Ryan. Soy alcohólico.

Esas fueron las palabras más aterradoras que he dicho en mi vida. La primera vez que las pronuncié, me temblaba la voz, me sudaban las palmas de las manos y sentía que el pecho se me iba a hundir. No quería estar en esa habitación. No quería admitir en qué me había convertido. ¡Por Dios!, era pastor, ¿cómo podía ser yo el que escondía botellas de vodka y pasaba noches sin dormir? Me daba vueltas la cabeza: ¿Qué pensarán? ¿Y si no me dejan volver? ¿Cómo dejé que la situación se pusiera tan fea?

Cuando llegó mi turno, dije las palabras de todos modos. Y en ese frágil momento, algo cambió... pero también estaba aterrorizada. El miedo no desapareció solo por decir mi verdad. Me pesaba en el pecho, recordándome cada fracaso y cada duda. Y si alguna vez has pasado por eso, si alguna vez has dicho algo difícil, si has admitido la verdad que estabas segura de que te destruiría, conoces ese miedo. Es de esos que te estremecen hasta los huesos. Y déjame decirte: no estás loca por sentirlo, y no estás sola. El miedo no desaparece de la noche a la mañana. Pero nombrar la verdad es la primera grieta en la armadura de la vergüenza.

Me sentí como Jacob huyendo, huyendo de Dios, de mi pasado, de mí mismo. En Génesis, Jacob lucha con Dios toda la noche y, al ser presionado, finalmente admite su propio nombre: "Soy Jacob". Es como si Dios dijera: "Bien. Ahora podemos trabajar con la verdad". La primera mañana que dije: "Soy Ryan. Soy alcohólico", fue como repetir mi nombre por primera vez. Fue como si Dios susurrara: "Bien. Tenemos trabajo que hacer, pero ya no estás solo".

Por la gracia y la guía de personas que se negaron a dejar que la vergüenza tuviera la última palabra, he estado sobrio desde el 7 de enero de 2013. Dios me quitó la obsesión con la bebida, pero no lo hizo con rayos ni discursos perfectos. Lo hizo a través de conversaciones honestas, personas imperfectas y una comunidad de otros adictos y alcohólicos en recuperación que me hicieron un espacio.

Por eso existe la Comunidad de Recuperación FREE. Creamos FREE porque muchos adictos, seres queridos de adictos y refugiados espirituales se han visto obligados a guardar silencio, avergonzados, juzgados o se les ha hecho sentir que no pertenecen. FREE es un lugar donde rompemos el silencio de la adicción, creamos un espacio para la sanación y la recuperación, y propiciamos la conexión espiritual. No nos reunimos para practicar la religión ni proteger la tradición. Nos reunimos porque nadie debería tener que pasar por el infierno solo.

Permítanme detenerme aquí para definir un término que escucharán a lo largo de este libro: refugiados espirituales. Los refugiados espirituales son personas que han sido maltratadas por la religión, heridas, excluidas o avergonzadas por las comunidades religiosas. Sienten que no pertenecen a la "iglesia", pero muchos aún anhelan conexión, gracia y significado. Algunos no se alejaron por ira, sino por hipocresía, juicio o silencio. Buscan a Dios, pero les aterran los lugares que dicen representarlo.

Este libro está dirigido a cuatro grupos de personas:

- El adicto que está desesperado por una salida, pero tiene miedo de decir su verdad.

- El ser querido de un adicto que ha llorado, regateado y gritado al techo, preguntándose si algo cambiará alguna vez.

- El refugiado espiritual que fue herido por la religión, o que nunca ha puesto un pie en un espacio de fe, pero anhela algo más grande que el dolor.

- El líder que desea tener conversaciones honestas, pero no sabe por dónde empezar. Quiere amar a los adictos, a sus familias y a los refugiados espirituales, pero le aterra decir algo incorrecto o no tener las respuestas.

Aquí no encontrarás respuestas fáciles. Encontrarás conversaciones sinceras sobre la adicción y la vergüenza, sobre la comunidad y la gracia, sobre establecer límites, sobre la duda, sobre la risa, las lágrimas y las segundas oportunidades. Encontrarás historias de LIBRE: ovaciones de pie para personas destrozadas, tazas de café que salvan vidas y noches de sábado donde adictos en recuperación, padres cansados y personas que buscan la paz se sientan juntos. Pero también encontrarás historias que van más allá de LIBRE: vistazos reales y sin pulir a las batallas que enfrentan las personas con la adicción, el dolor que cargan sus seres queridos y la valentía silenciosa que se necesita para seguir adelante cuando nada parece cambiar. Estas historias no son desinfectadas ni seguras; son reales porque esta lucha es real.

Lo que tienes en tus manos no es solo un libro. Es una invitación. Una invitación a dejar atrás el peso aplastante de la vergüenza. A salir del silencio. A arriesgarte a una conversación honesta. A construir espacios donde la gracia prevalezca sobre el juicio.

Esto es lo que sé: Dios no se siente amenazado por tus preguntas. Dios no siente repulsión por tu desastre. Dios no está a la distancia, con los brazos cruzados, esperando a que te recuperes. Dios ya está aquí, corriendo hacia ti a través del caos, a través de los escombros, susurrándote: "No estás solo. Siempre has pertenecido".

Así que vengan como son, los quebrantados, los que buscan, los enojados, los sobrios, los que recaen, los esperanzados, los escépticos. Hablemos juntos sobre los escombros. Elijamos la conexión en lugar del aislamiento. Elijamos la gracia en lugar de la vergüenza. Porque esta es la verdad que resonará en cada capítulo de este libro y en cada rincón de FREE: No nos avergonzamos.

Capítulo 1
La adicción es la herida disfrazada de solución

El dolor bajo la superficie

La adicción no entra en la vida con una etiqueta. Se cuela silenciosamente, a veces disfrazada de alivio, a veces de celebración. Para muchos, la primera copa o dosis se siente como oxígeno tras años de atragantamiento. Al principio funciona. La ansiedad se suaviza. La vergüenza se calma. La soledad se alivia. Lo que empieza como alivio se convierte en rutina. La rutina se consolida en necesidad. La necesidad se convierte en la jaula. La adicción rara vez se trata de la sustancia en sí. Se trata de un dolor, una herida profunda que exige alivio.

La adicción no discrimina. Se abre paso por todos los códigos postales, cuentas bancarias y tradiciones religiosas. Se apodera de obreros y directores ejecutivos, devotos de la iglesia y escépticos espirituales, padres e hijos. No le importa tu currículum, tu moral ni el tamaño de tu casa. La adicción es un ladrón que no discrimina, y esa verdad desmiente el mito de que "las personas como nosotros" estamos a salvo de su alcance.

Y al adicto que lee esto: Veo la guerra que has estado librando. Las noches mirando al techo a las 3 de la mañana, con el corazón latiendo como un tambor que no puedes silenciar. Las mañanas que juraste que hoy serían diferentes, solo para ver cómo la botella o la aguja te ganaban de nuevo a la hora de comer. Los espejos que has evitado porque cuentan una historia que no soportas enfrentar. La silenciosa súplica que has hecho, suplicándole a Dios, al universo, a cualquiera que pudiera escuchar, que la detenga. Se siente como ahogarse a plena vista, como gritar bajo el agua mientras el mundo sigue pasando. Esto no es debilidad ni falta de amor por tu familia. Es una batalla brutal y profunda por tu vida. E incluso si te sientes invisible, tu lucha es visible, y no estás solo.

Y al ser querido del adicto: tú también conoces esta lucha, ¿verdad? Has paseado por las plantas a las 2 de la madrugada, ensayando las palabras perfectas que finalmente podrían abrirse paso. Has pasado por bares o moteles sospechosos, buscando su coche con la mirada en el aparcamiento, con el estómago hecho un nudo. Has mirado fijamente tu teléfono, deseando que suene, sin saber si el silencio significa seguridad o desastre. Has llorado en las duchas para que nadie oyera, has gritado contra el volante y has sonreído en el trabajo mientras te ardían las entrañas. Has rezado oraciones que sonaban más a regateo o a súplica, y has maldecido a Dios cuando nada cambiaba. Llevas su caos en tu propio cuerpo: la mandíbula apretada, la respiración superficial, el agotamiento que nunca termina. Esta no es solo su guerra; se ha convertido en la tuya. Y no eres débil por sentirte destrozado. Eres un guerrero que mantiene la esperanza en su nombre, incluso cuando te tiemblan las manos.

Bajo ese dolor suele haber algo aún más profundo: la desconexión espiritual. Es ese vacío donde nos sentimos aislados de todo lo significativo: de Dios, de los demás, de nosotros mismos. La adicción suele apuntar a esta desconexión espiritual, un intento desesperado por llenar un vacío que las sustancias jamás podrán saciar. El objetivo no es solo dejar de consumir; es encontrar el camino de regreso a la conexión, a la vida, al amor, a la presencia.

El mito que nos contamos a nosotros mismos

Anhelamos historias sencillas sobre dolores complejos. Son ingeniosas. Nos permiten fingir que el mundo es justo y manejable. Así que, cuando se trata de adicciones, repetimos mitos que parecen seguros, pero son mentiras que nos impiden ver la realidad. Estos mitos no solo distorsionan la realidad, sino que construyen muros entre nosotros y la sanación. Nos permiten señalar con el dedo en lugar de extender la mano. Nos permiten sentirnos cómodos en lugar de enfrentar la incomodidad de la verdad confusa. Cuando nos aferramos a estos mitos, dejamos de hacer preguntas más profundas. Dejamos de escuchar. Nos distanciamos de las personas que sufren. Y quizás lo más peligroso, nos separamos de la posibilidad de la compasión, precisamente lo que puede romper el poder de la vergüenza y comenzar el trabajo de restauración. Si queremos sanar, como individuos, familias y comunidades, los mitos tienen que caer.

Mito n.° 1: La adicción le sucede a otras personas.

Nos decimos que es el hombre debajo del puente o la mujer cuya foto policial aparece en las noticias. Pero la adicción invade las salas de estar con fotos familiares en la pared. Se cuela en las cocinas de los suburbios, las oficinas y los bancos de las iglesias. No revisa los niveles de ingresos ni los registros de asistencia dominical. Fingir que la adicción está lejos nos protege de enfrentar su proximidad, tal vez incluso de sus huellas en nuestras propias familias.

Mito n°2: La adicción es un fracaso moral.

Es más fácil creer que la gente bebe o consume porque es débil o imprudente. Si solo se trata de malas decisiones, entonces no tenemos que enfrentarnos a la dura realidad: la adicción reconfigura el cerebro. Secuestra las vías de dopamina y la toma de decisiones. Se alimenta del trauma, el estrés y la vergüenza. Etiquetarlo como un colapso moral puede hacernos sentir justos, pero deja a los heridos abandonados.

Mito #3: Si realmente nos amaras, dejarías de amarnos.

Este caso devasta a las familias. Sugiere que el consumo continuo equivale a falta de amor. Pero quien bebe o consume a menudo ama a su familia con desesperación; sin embargo, el amor por sí solo no puede vencer a un cerebro atrapado en un ciclo de ansia-alivio-vergüenza. No están eligiendo la botella ni la aguja por encima de su familia. Están perdiendo una guerra interna que la mayoría de los demás no ven.

Mito #4: Si tu fe fuera lo suficientemente fuerte, esto no sucedería.

Algunas iglesias han predicado este mito, convirtiendo la oración en un acto y a Dios en un cruel contador. Los refugiados espirituales cargan con las cicatrices de haber escuchado: "Solo ora con más fuerza" o "Confiesa más". Cuando la sanación no llega al instante, se alejan creyendo que la gracia tiene límites. Pero el fracaso no es suyo, es el mito mismo. La gracia no abandona a las personas en centros de desintoxicación ni en callejones oscuros. La gracia no exige perfección antes de ofrecer amor. Estos mitos persisten porque son reconfortantes. Mantienen el mundo simple, la culpa ordenada y la distancia intacta. Pero la realidad es más confusa y mucho más esperanzadora. La adicción no es un veredicto sobre el valor de una persona. Es una señal de dolor y un llamado a la compasión. Cuando desmantelamos los mitos, creamos espacio para conversaciones honestas, un mejor apoyo y el tipo de comunidad que puede salvar vidas.

Historia
La mesa de la cocina

Una noche lluviosa de martes, Megan estaba sentada a la mesa de la cocina mirando la silla vacía de su hijo. Tenía veintiocho años, era brillante con la guitarra y llevaba dos meses de juerga. Se susurró a sí misma el viejo dicho: "Si de verdad me quisiera, pararía". Era más fácil creerlo que admitir su impotencia. Más fácil que enfrentarse al miedo de que nada de lo que dijera pudiera convencerlo de volver sobrio. Semanas después, se encontró en una reunión abierta de recuperación, arrastrada por un amigo que le había dicho: "Siéntate y escucha". Un hombre de mediana edad con manos temblorosas habló: "Amaba a mi familia más que a mi propia vida. Pero cuando me entró el antojo, el amor no fue suficiente para detenerme. No estaba eligiendo la botella por encima de mis hijos, me estaba ahogando y no sabía nadar".

Megan sintió que el mito se desmoronaba. Lloró, no de vergüenza esta vez, sino de liberación. Por primera vez, vio a su hijo no como un traidor, sino como un hombre herido en una jaula que su mente había construido. No podía deshacer los barrotes para él. Pero podía empezar a amarlo sin la mentira de que él bebía para ella. Podía buscar apoyo, aprender a establecer límites sin culpar y hablarle con compasión en lugar de acusarlo. Esa noche, Megan no recibió una llamada milagrosa. Su hijo no entró sobrio. Pero algo en ella cambió. El desastre seguía siendo real, pero también lo era la esperanza.

Por qué es importante nombrar la herida

No podemos sanar lo que nos negamos a nombrar. Fingir que la adicción es "solo una fase" o "una serie de malas decisiones" mantiene a todos atrapados, tanto al consumidor como a quienes lo aman. La negación es seductora porque compra un consuelo temporal. Pero cada día que pasamos negando es un día que la herida supura. Nombrar la herida no se trata de etiquetar a alguien como desesperanzado ni de excusar un comportamiento destructivo. Se trata de decir la verdad en un mundo que prospera con medias verdades. Cuando nombramos la adicción por lo que es, una herida profunda envuelta en sustancias químicas y antojos, cambiamos el campo de batalla. En lugar de luchar contra la persona, luchamos contra la desesperación. En lugar de avergonzar al adicto, avergonzamos el estigma. "Estamos tan enfermos como nuestros secretos".

Las familias a menudo evitan nombrar la herida por miedo: miedo a que decir "adicción" en voz alta la haga real, miedo a los chismes, miedo a ver cómo se desmorona la esperanza. Pero el silencio no protege la esperanza. La mata de hambre. Decir la verdad, "Mi pareja está bebiendo otra vez", "Mi hija está consumiendo", rompe el hechizo del secreto. Abre la puerta a grupos de apoyo, terapia, comunidades de recuperación y oraciones honestas que no fingen que todo está bien. Nombrar la herida permite que todos los involucrados respiren, incluso cuando el aire todavía huele a humo. Para los refugiados espirituales, nombrar la herida es aún más complicado. A muchos se les ha dicho que admitir la adicción es admitir un fracaso personal o una debilidad espiritual. Recuperar la voz, decir: "Esto es adicción, y no es mi colapso moral", es un acto de santa rebelión contra los mitos que te dañaron.

El camino hacia la esperanza

La esperanza no es un rayo ni un testimonio pulido. No irrumpe en tu vida con fuegos artificiales ni llega envuelta en certeza. Para muchos adictos y sus seres queridos, la esperanza se siente imposible, como un idioma que han olvidado hablar. Quizás estés leyendo esto mientras te preguntas si algo puede cambiar alguna vez. Quizás has enterrado amigos, roto promesas o quemado puentes, y temes que la esperanza sea para otras personas. Escucha esto: tu historia no ha terminado. La esperanza puede que no derribe la puerta, pero se deslizará silenciosamente por las grietas si la dejas. Se presenta en formas pequeñas y anodinas que salvan vidas: la voz temblorosa que pide ayuda, el mensaje inesperado que dice: "Estoy pensando en ti", el extraño que ve tu dolor y no aparta la mirada. Para el adicto que apenas aguanta, la esperanza no es solo un concepto, es oxígeno. Para el ser querido exhausto y asustado, es el hilo delgado que te aleja de la desesperación. No es un premio para los merecedores, sino un salvavidas para los desesperados. Incluso aquí, entre los escombros, la esperanza aún te alcanza.

"Un día a la vez."

La esperanza crece en comunidad. El aislamiento alimenta la adicción. La conexión la priva. Esto no significa fingir que todo está bien ni tolerar el daño. Significa presentarse con honestidad, desordenado, con miedo, pero presente. Las reuniones de recuperación, los círculos de terapia, los amigos de confianza, incluso los desconocidos con vasos de papel manchados de café, se convierten en espacios sagrados cuando las personas eligen presentarse y decir la verdad. La rendición es la puerta paradójica. No rendirse a la derrota, sino rendirse a la realidad: "No puedo controlar esto solo". Este es el primer paso de los 12 Pasos por una razón. El control es la droga que se esconde tras la droga. Las familias intentan gestionar los resultados, los adictos intentan controlar los antojos y ambos terminan exhaustos. La rendición no garantiza un cambio instantáneo, pero crea las condiciones para que el cambio sea posible. Rompe la jaula de la mente, dejando entrar la luz. Para los refugiados espirituales, la esperanza a menudo surge de lugares inesperados: la bondad de un vecino, un lema de recuperación garabateado en la pared del baño, un momento de quietud en la naturaleza. Puede que no se parezca a la fe que dejaste atrás, pero eso no la hace menos santa. La esperanza no es un premio lejano para los perfectos. Es una compañera presente para los quebrantados. A medida que profundizas en este libro, descubrirás que la esperanza no es un camino limpio y lineal. Zigzaguea entre recaídas, decepciones, risas y pequeñas victorias. Requiere valentía para seguir presente, para seguir hablando y para seguir eligiendo la conexión en lugar del silencio. Incluso aquí, en medio de la ruina, la esperanza sigue viva, y habla vida si estamos dispuestos a escuchar.

La historia de Megan no es única. Es la silenciosa realidad tras innumerables puertas cerradas. Por cada persona que lucha contra una sustancia, hay una red de padres, parejas, hermanos y amigos que contienen la respiración, negocian con Dios o repiten sus argumentos mentalmente. La adicción no solo hiere a quien bebe o consume. Propaga dolor a todo el círculo. Y con demasiada frecuencia, se les dice a las familias que rescaten a la persona sin pensarlo dos veces o que se desvinculen por completo, como si esas fueran las únicas opciones. Pero hay otro camino: un camino de amar con fervor sin perderse a sí mismos. En el próximo capítulo, nos adentraremos en el caos que la adicción crea para las familias y exploraremos cómo pueden encontrar su propia sanación, incluso cuando el desenlace sigue siendo incierto.

Preguntas de reflexión para el capítulo 1

Desmintiendo tu propia historia: ¿Cuáles de los mitos sobre la adicción ("Les pasa a otras personas", "Es un fracaso moral", "Si nos amaras, dejarías de hacerlo" o "La fe debería haber solucionado esto") has creído o has hablado? ¿Cómo ha influido el aferrarte a ese mito en tu actitud hacia ti mismo o hacia un ser querido?

Enfrentando la Herida: Cuando piensas en la metáfora de la adicción como "una herida disfrazada de solución", ¿qué recuerdos, sentimientos o experiencias personales te evoca? ¿En qué casos la negación o el silencio te han impedido (o a tu familia) nombrar la herida con honestidad?

Ver los escombros sin perder la esperanza: La historia de Megan no terminó en una llamada milagrosa. ¿En qué momentos de tu vida te has sentido tentado a equiparar los resultados inmediatos con la esperanza? ¿Qué pequeñas y contundentes señales de vida, por imperfectas que sean, podrías estar pasando por alto ahora mismo?

Elegir la rendición en lugar del control: El control se conoce como "la droga que se esconde tras la droga". ¿En qué área de tu vida, ya seas quien consume o quien ama a alguien que consume, podría la rendición abrir una puerta a la sanación o la conexión? ¿Cómo se vería la rendición en la práctica hoy para ti?

14

Capítulo 2
Familias en la primera línea
Amar sin perderse a uno mismo

La llamada telefónica que ningún padre quiere

Linda estaba doblando la ropa cuando sonó el teléfono. Eran las 2:13 a. m. Sintió un nudo en el estómago antes de contestar. La voz del otro lado, la de una enfermera de urgencias, era tranquila pero firme. Su hijo, de veinticuatro años, había sido encontrado inconsciente en el baño de una gasolinera. Estaba vivo, pero a duras penas. Mientras la enfermera hablaba, Linda miraba fijamente una pila de toallas limpias en el suelo. Horas antes había estado imaginando el futuro de su hijo: matrimonio, hijos, cenas dominicales. Ahora, solo podía pensar: "Por favor, Dios, no dejes que muera esta noche".

De camino al hospital, el esposo de Linda agarró el volante con tanta fuerza que se le pusieron los nudillos blancos. Ninguno de los dos habló. Ya lo habían dicho todo: súplicas, amenazas, promesas, oraciones gritadas al cielo. Habían intentado todo para mantener a su hijo a salvo: bloquear las tarjetas de crédito, rastrear su teléfono, rogarle que volviera a rehabilitación. Cada nueva táctica parecía como contener la marea con una escoba. En ese momento, Linda se dio cuenta de algo que apenas podía admitir: su amor no podía con su adicción.

Amar a alguien que se está ahogando

Amar a un adicto es como vivir en una falla geológica. El terreno se mueve sin previo aviso. Un día recibes un mensaje diciendo que están limpios y llenos de esperanza. Al día siguiente, silencio u otra crisis. Las familias se vuelven hipervigilantes, buscando el peligro, ensayando discursos, haciendo planes para salvar a alguien que no siempre quiere ser salvado. El latigazo emocional deja moretones que nadie ve.

La culpa puede ser devastadora. Repites cada recuerdo, buscando el error que lo desencadenó: la discusión que no debiste haber tenido, las señales de advertencia que pasaste por alto, el momento en que debiste haber dicho "no". Te preguntas si eres un mal padre, una mala pareja o un mal hermano. Te preguntas si tu amor no fue suficiente. Esa culpa se cuela en cada rincón de tu vida, tu trabajo, tus amistades, incluso en tu sueño. Te susurra que si los hubieras amado más, hubieras rezado más o hubieras sido más fuerte, las cosas no serían así.

Con el tiempo, amar al adicto puede empezar a sentirse como una adicción en sí misma. Revisas sus redes sociales a medianoche, pasas por lugares que podría estar consumiendo y esperas a que tu teléfono se ilumine con noticias, buenas o malas, porque incluso las malas noticias se sienten mejor que el silencio. Cancelas tus planes de rescatarlo, pagar sus deudas o arreglar otro desastre porque la idea de no hacer nada se vuelve insoportable. El alivio que sientes cuando está a salvo puede ser embriagador, y el bajón cuando recae es devastador. Sin querer, empiezas a orbitar su caos. Sus altibajos se convierten en los tuyos.

Este ciclo es agotador e insostenible. El dolor que llevas es real, crudo, desgarrador y pesado. Puede sentirse como si se hubiera instalado en tu pecho, robándote el aliento y vaciando tu alegría. Puede fracturar matrimonios, aislarte de tus amigos y hacerte dudar de tu propio valor. Pero escucha esto: tu dolor no es permanente, ni lo es todo. Hay una salida, no una solución rápida ni fácil, sino un camino que comienza por liberar lo que no puedes controlar, buscar apoyo y atender tus propias heridas. No tienes que desaparecer en su caos ni dejarte consumir por la desesperación. Sanar también es posible para ti. No estás roto sin remedio, y no estás solo en esta lucha.

El mito de la responsabilidad total

Muchos seres queridos creen en secreto que, si tan solo hicieran más, rezaran con más ahínco, amaran mejor e impusieran reglas más estrictas, podrían mejorar su vida. Esta creencia es seductora porque da la sensación de control en un mundo que se descontrola. Pero es una ilusión peligrosa. La responsabilidad total por la adicción de otra persona puede destruir familias silenciosamente. Deteriora matrimonios, enfrenta a hermanos entre sí y deja a los padres sumidos en la culpa.

Este mito suele alimentarse de mensajes culturales e incluso religiosos que glorifican el autosacrificio: "Los buenos padres no se rinden", "Un cónyuge fiel nunca deja de luchar", "Si de verdad lo amaras, lo salvarías". Pero salvar a alguien no es lo mismo que amarlo. La adicción no es una ecuación matemática donde un mayor esfuerzo garantiza una solución. No puedes asistir a todas las reuniones por ellos, desintoxicarte en su lugar ni elegir la sobriedad por ellos.

Asumir toda la responsabilidad te atrapa en un ciclo de pánico y agotamiento. Podrías cancelar planes, ocultar el comportamiento de tu ser querido a tus amigos o vaciar tus ahorros para pagar soluciones rápidas, solo para sentir el peso aplastante del fracaso cuando la recaída ocurre de todos modos. Este patrón no sana a tu ser querido. Solo profundiza tus propias heridas y alimenta el resentimiento en ambas partes. El resentimiento crece lentamente: empiezas a sentir amargura hacia el adicto por "arruinarlo todo", y él comienza a resentirte por microgestionar su vida, incluso cuando depende de tu ayuda. Envenena la comunicación, cada conversación se convierte en una mina terrestre. El adicto puede arremeter con ira o vergüenza, mientras que el ser querido se vuelve frío, sarcástico o retraído. Con el tiempo, la relación puede definirse no por el amor, sino por la culpa tácita y la ira silenciosa.

El resentimiento es un ladrón: roba la ternura, erosiona la confianza y aísla a todos los involucrados. Romper con el mito de la responsabilidad total no significa dejar de preocuparse por la persona amada ni alejarse de ella. Significa salir del círculo vicioso que los sigue lastimando. Significa elegir la honestidad en lugar del control y la compasión en lugar de la amargura. Significa dar espacio a tu ser querido para que asuma la responsabilidad de su recuperación mientras tú asumes la tuya. Este cambio no ocurre de la noche a la mañana, pero es el primer paso hacia relaciones basadas en la dignidad y no en la desesperación.

Los límites no son una traición

Los límites suelen malinterpretarse como rechazo o castigo. En realidad, son lo contrario: una forma de amor feroz e intencional. Un límite dice: "No desapareceré en tu caos, sino que permaneceré aquí con toda mi esencia, ofreciendo amor sin perderme".

Poner límites no es fácil. Es normal sentir culpa, miedo o dudar de uno mismo. A la mayoría de nosotros nunca nos enseñaron a mantener un equilibrio sin vergüenza ni enojo, y cuando se trata de alguien a quien amas profundamente, puede parecer casi imposible. Tener dificultades con los límites no significa que seas débil o poco cariñoso. Significa que eres humano. La incomodidad que sientes es una señal de cuánto te importa, no una prueba de que poner límites sea incorrecto.

Sin límites, las familias pueden convertirse en extensiones de la adicción, encubriendo mentiras, pagando deudas, inventando excusas o tolerando el daño. Con el tiempo, todos en el hogar empiezan a vivir en modo supervivencia, evitando las explosiones y cargando con una vergüenza que no les pertenece.

Los límites saludables impiden que la adicción consuma a toda la familia. Trazan límites que protegen la seguridad emocional, física y financiera. También transmiten un mensaje poderoso y tácito: "Tu adicción no refleja la verdad total de quién eres, pero tampoco puede controlar mi vida".

Ejemplos de límites en acción:

"Te amo y te escucharé, pero no permitiré que me hables con amenazas ni insultos".

"No puedes quedarte aquí si estás consumiendo activamente, pero te ayudaré a encontrar un lugar de reunión o un refugio".

"No te daré dinero, pero te recogeré del tratamiento".

Los límites no son una traición. Son una forma de amar sin consentir. Crean espacio para la responsabilidad y la dignidad. Al principio, pueden causar ira. Los adictos suelen poner a prueba los límites para ver si los viejos patrones regresan. Manténte firme. Con el tiempo, los límites pueden convertirse en el marco donde se arraigan la confianza, la honestidad y la verdadera sanación.

Los límites también pueden confundirse con la vergüenza. Cuando mantienes una línea, quien la recibe podría patalear, gritar y reaccionar como un niño acorralado. Podría acusarte de abandonarlo o de no amarlo lo suficiente. Esta reacción forma parte del caos que crea la adicción; no es evidencia de que lo estés avergonzando. La vergüenza dice: "No vales nada". Un límite dice: "Eres valioso, pero no dejaré que tu caos nos destruya a ambos". Es fundamental recordar la diferencia. Mantener límites es un acto de dignidad y amor, no de humillación ni condena.

Encontrando tu propia recuperación

La sabiduría de los 12 Pasos dice: "Los familiares también necesitan recuperación", y es cierto. Grupos como Al-Anon o Nar-Anon no existen para curar al adicto, sino para ayudar a las familias a sanar sus propias heridas. La terapia, las amistades de confianza y las prácticas espirituales también pueden ser un salvavidas.

Pero los programas de 12 pasos no son la única opción. Existen otros caminos de recuperación sólidos y significativos, comunidades religiosas, grupos de apoyo seculares, modelos centrados en la terapia y asociaciones de recuperación alternativa. Lo importante no es encontrar el camino ideal, sino encontrar el que realmente te ayude a sanar y conectar. La clave está en explorar lo que funciona para ti y tu familia, y recordar que no estás limitado a un solo método.

Para los refugiados espirituales, aquellos que han sido perjudicados por la religión y cargan con una pesada carga, este camino puede ser especialmente complicado. A muchos, las autoridades religiosas les han dicho que su dolor es resultado de una fe débil o un fracaso moral. Pueden estremecerse ante palabras como "Dios" o "iglesia" porque esas palabras se vinculan a heridas en lugar de consuelo. Para el refugiado espiritual: su vacilación tiene sentido. Su lucha por confiar no es rebelión ni amargura, sino la cicatriz de heridas pasadas. Este libro te ve. Honra el peso que llevas y te invita a buscar la sanación sin vergüenza ni presión.

Los refugiados espirituales podrían tener que desaprender mensajes religiosos dañinos para aceptar esta ayuda. Quizás te hayan dicho que cuidarte es egoísta o que amar implica un sacrificio infinito. Pero el amor sano incluye cuidarte a ti mismo. Tu dolor importa. Tu historia importa. Y no puedes servir de una copa vacía.

Hablando de esperanza sin ilusiones

Amar a alguien con una adicción significa aprender a aceptar dos verdades a la vez: la realidad del desastre y la posibilidad de redención. La esperanza no es un final de cuento de hadas ni un optimismo ciego. Es la decisión serena de creer que el cambio es posible incluso cuando la evidencia parece escasa. Es negarse a dejar que la desesperación dicte el capítulo final.

La verdadera esperanza reconoce las recaídas, la decepción y el desamor. No endulza el dolor ni borra los límites que debes mantener. En cambio, susurra: "Incluso aquí, algo bueno puede crecer".

Para quienes son espirituales, pero no religiosos, esta esperanza no se trata de dogmas. Se trata de conexión. Es la chispa sagrada que brilla incluso cuando no confías en iglesias, predicadores ni respuestas claras. Y si guardas resentimiento hacia la religión o hacia quienes usaron la fe como arma, tu dolor es válido. Las heridas que sientes son reales. Puede que te hayan juzgado, excluido o te hayan dicho que no eras digno, y ahora incluso palabras como "Dios" u "oración" te resultan amargas. Ese dolor no te descalifica de la gracia, sino que indica cuánto anhelas algo verdadero.

Soltar no significa fingir que nada duele. No borra la traición ni la ira. Significa elegir no dejar que el resentimiento sea la voz más fuerte en tu vida. A veces, seguir adelante requiere dejar atrás lo que te envenenó, no para excusarlo, sino para evitar que te defina. Quizás tengas que soltar viejas imágenes de Dios que eran demasiado pequeñas o crueles, las que te decían que nunca estarías a la altura. Quizás tengas que enterrar algunas de las mentiras que te inculcaron para que algo nuevo pueda vivir. Eso no es debilidad, es un trabajo valiente y profundo.

La verdadera esperanza suena así:

"Creo que puedes recuperarte, incluso si tropiezas".

"Te amaré, pero no permitiré tu adicción".

"Tu peor día no te define".

"Aunque la religión te haya hecho daño, Dios no te ha abandonado; todavía hay un lugar al que puedes pertenecer".

"Tu dolor como ser querido importa y tienes derecho a sanar incluso cuando ellos todavía están luchando".

Elegir amar ferozmente y dejar ir

El hijo de Linda sobrevivió esa noche. Recaería de nuevo antes de encontrar una recuperación duradera. Linda y su esposo se unieron a un grupo de Al-Anon, donde aprendieron a dejar de vigilar cada instante y a cuidar de sus propios corazones. Descubrieron que amar con fervor no significa perderse a uno mismo. Significa ofrecer compasión sin renunciar a la cordura, estar presente sin sacrificar el alma.

Las recaídas no tienen por qué ser parte de la historia de todos. Algunas personas se recuperan y nunca vuelven a consumir. Pero la realidad es que, para muchos que luchan contra la adicción, las recaídas suelen ser parte del camino. Un revés no borra el progreso ni el valor. No es una prueba de desesperanza. Es una prueba de lo poderosa que puede ser la adicción y de cuánto apoyo y persistencia requiere la recuperación. Para las familias, esta verdad es dolorosa. Puede sentirse como una traición o un fracaso. Pero las recaídas también pueden ser una lección: un recordatorio de que la sanación rara vez es lineal y que la esperanza no puede depender únicamente del éxito continuo.

Elegir amar con fiereza y dejar ir significa liberarse de la ilusión de que tu control o su desempeño perfecto determinan el futuro. Esa ilusión se siente segura, como un salvavidas en medio de una tormenta; te aferras a ella porque dejar ir es como saltar de un acantilado sin paracaídas. Susurra que, si simplemente revisas sus mensajes, registras su auto o haces la amenaza correcta, puedes dirigir el resultado. Promete que tu vigilancia será suficiente para mantenerlos con vida. Pero la dura y desgarradora verdad es que el control es un espejismo. Puedes rogar, negociar, vigilar y suplicar, y aun así verlos recaer. Puedes perderte en su caos y aun así no salvarlos. El miedo a dejar ir es real y duele profundamente. Se siente como una traición, como si los estuvieras abandonando en su hora más oscura. Pero dejar ir no es rendirse, es el acto valiente de negarse a ahogarse junto a ellos. Es pararse en la orilla con el corazón abierto, diciendo: "Te amaré, pero no puedo nadar para ti". Al soltar, abres espacio para la gracia, para la comunidad y para la posibilidad de que aprendan a nadar por sí solos. Soltar es aterrador, pero es la única manera de evitar que la adicción te absorba por completo.

Si eres padre, madre, cónyuge, hermano o amigo en primera línea, escucha esto: no estás solo. No estás fracasando porque no puedas arreglarlos. Tu amor no es en vano. Puedes preocuparte profundamente y aun así dar un paso atrás. E incluso en el caos, incluso cuando los resultados son inciertos, hay esperanza, para ellos y para ti.

A medida que avanzamos, el Capítulo 3 nos llevará al interior de la mente de la adicción misma: por qué no es un fracaso moral sino una obsesión de la mente, una jaula que sólo la entrega y la conexión pueden comenzar a desbloquear.

Preguntas de reflexión para el capítulo 2

Límites y amor: Piensa en alguna ocasión en la que establecer o incluso considerar un límite te pareció insoportable o poco amoroso. ¿Qué emociones (miedo, culpa, ira) te invadieron? ¿Cómo podría replantear los límites como un acto de amor en lugar de rechazo empezar a cambiar tu perspectiva sobre ellos?

Esperanza sin garantías: Reflexiona sobre un momento en el que la esperanza parecía imposible. ¿Qué te ayudó a aferrarte, aunque fuera débilmente, a la idea de que la sanación o el cambio aún eran posibles? ¿Cómo replantea tus expectativas ver la esperanza como una decisión firme y tranquila, en lugar de un resultado perfecto?

Enfrentando la realidad de la recaída: Una recaída no anula el progreso, pero el dolor es real. ¿Cómo conciliar la angustia de los reveses con la realidad de que la recuperación rara vez es lineal? ¿Cómo reaccionarías ante una recaída con honestidad y compasión, tanto para ti como para tu ser querido?

Tu propio camino de sanación: Considera tu propia necesidad de sanación, independientemente de las decisiones de tu ser querido. ¿En qué aspectos podrías necesitar soltar el control, buscar apoyo o cuidarte? ¿Qué paso concreto podrías dar esta semana (unirte a un grupo, contactar con un amigo o simplemente descansar) para honrar tu propia recuperación?

Capítulo 3
No es un fracaso moral
Cuando la mente se convierte en la jaula

El hombre exitoso del que nadie sospechaba

Marcus era el tipo de persona que la gente envidiaba. Un trabajo estable, una familia sonriente en fotos navideñas y un puesto de voluntario en el banco de alimentos local. Era el tipo que recordaba los cumpleaños y llegaba temprano para ayudar a sus amigos con la mudanza. Nadie veía el whisky escondido tras las latas de pintura en el garaje. Nadie sabía de las mañanas que vomitaba en la ducha ni de las noches que miraba al techo, prometiéndose que pararía al día siguiente. Marcus no era un mal tipo. No era débil, ni perezoso, ni imprudente. Se ahogaba en una jaula construida dentro de su mente, una jaula que nadie más podía ver.

Cuando su esposa encontró las botellas, sus primeras palabras fueron: "¿Cómo pudiste hacernos esto?". Marcus sintió que la vergüenza lo invadía como un maremoto. Quería explicarle que él también lo odiaba, que cada sorbo era a la vez alivio y autotraición. Pero la vergüenza le robó la voz. Como tantos otros, albergaba la convicción tácita de que la adicción era prueba de su fracaso moral.

La mentira del fracaso moral

A la sociedad le encanta una historia limpia: la gente buena toma buenas decisiones y la gente mala toma malas. La adicción desmiente esa historia. La adicción no es una simple decisión de hacer el mal. No es evidencia de debilidad de carácter ni de una brújula moral rota. La adicción es una obsesión mental, una reconfiguración del sistema de recompensa del cerebro que atrapa incluso a las personas más fuertes, bondadosas y con más principios.

Durante generaciones, la adicción se ha etiquetado como un defecto de carácter, una debilidad o una decisión deliberada de autodestrucción. Hemos usado la vergüenza como arma, creyendo que podría asustar a la gente y hacer que cambie. Hemos susurrado sobre el "tío borracho", chismeado sobre el "drogadicto de la esquina" y meneado la cabeza como si la superioridad moral de nuestra desaprobación pudiera curar el dolor de alguien. Pero esta mentira, que la adicción es un fracaso moral, ha destrozado vidas. Ha empujado a las personas a un secretismo más profundo, les ha hecho temer pedir ayuda y las ha convencido de que no tienen redención. La verdad es más simple y contundente: la adicción no se trata de ser una mala persona. La adicción es lo que sucede cuando una mente herida es secuestrada por el ansia y la compulsión.

El fracaso moral sugiere que hay una solución fácil: simplemente ser mejor, esforzarse más, resistir la tentación. Pero cualquiera que haya luchado contra la adicción o haya amado a alguien que la haya padecido sabe que no es tan sencillo. La persona a la que amas puede querer dejarlo desesperadamente. Puede estar aterrorizada por lo que se está haciendo a sí misma y a los demás. Pero su mente ha sido secuestrada. Decirle que simplemente deje de hacerlo es como decirle a alguien encerrado en una jaula que simplemente salga.

Cuando la mente se convierte en la jaula

La adicción no es solo un hábito ni una serie de malas decisiones. Es una invasión neurológica. Las sustancias inundan el cerebro de dopamina, el mensajero químico del placer y la recompensa. Al principio, esto se siente como un alivio: la ansiedad se calma, la tristeza desaparece, el vacío se llena. Pero con el tiempo, el cerebro se adapta. Las vías normales de alegría y motivación se debilitan, dejando solo una puerta abierta: la sustancia. Este cambio no es un colapso moral; es biológico.

A medida que la química cerebral cambia, la fuerza de voluntad por sí sola se vuelve como una llave de papel contra barrotes de hierro. Incluso cuando alguien realmente quiere dejar de consumir, el cerebro grita por la supervivencia: Conseguir más. Hacer lo que sea necesario. Por eso las personas arriesgan trabajos, relaciones e incluso la libertad, porque su sistema nervioso ha sido reconfigurado para tratar la sustancia como algo esencial para la vida. La jaula es invisible, pero sus barrotes son fuertes: antojos, desencadenantes, miedo a la abstinencia y la profunda vergüenza que los convence de que no tienen salvación.

La jaula se estrecha aún más porque la adicción secuestra la memoria y la toma de decisiones. La mente empieza a reescribir la realidad: "Solo puedo con una", "No es tan malo", "Mañana será diferente". Estas racionalizaciones no son mentiras conscientes; son el intento desesperado del cerebro de justificar lo que exige su química.

Para los familiares, esto puede ser desesperante. Desde fuera, parece traición o indiferencia. Desde dentro, se siente como ahogarse mientras finges nadar. Marcus lo describió una vez así: "No es que no me importara mi familia. Me importaba tanto que me dolía. Pero mi cerebro empezaba a gritar, y la botella parecía la única manera de detenerlo. La odiaba incluso cuando la buscaba".

Entender la adicción como una jaula no excusa el comportamiento dañino. Pero replantea la lucha. Cambia la historia de las malas decisiones de una mala persona a una mente enferma que necesita sanación y conexión. Reconocer la jaula es el primer paso para abrir su puerta.

Rompiendo el ciclo de la vergüenza

La vergüenza alimenta la adicción. Convence a las personas de que no merecen ayuda. Les dice que no merecen una segunda ni una décima oportunidad. Pero la verdad es esta: no puedes avergonzar a alguien para que se recupere. Y tampoco puedes avergonzarte a ti mismo para que se recupere. La sanación comienza cuando la vergüenza se reemplaza con honestidad y conexión.

Si estás leyendo esto y conoces la batalla de la vergüenza, las promesas nocturnas de dejarlo, las mañanas que juraste que hoy serían diferentes, las botellas o agujas escondidas que juraste que serían las últimas, no tienes defectos. No estás roto sin posibilidad de reparación. La vergüenza quiere callarte porque el silencio te atrapa. Susurra que ya has fallado demasiadas veces como para volver a intentarlo. Pero la vergüenza es mentirosa. Volver a intentarlo no es debilidad. Es desafiar la voz que te dice que no tienes esperanza.

Algunos de ustedes han entrado a una reunión o se han sincerado con un amigo, solo para retractarse al tropezar de nuevo. Quizás piensen: "He quemado todos mis puentes". Pero los puentes se pueden reconstruir. Las personas importantes, quienes comprenden la recuperación, saben que la sanación rara vez es lineal. Saben que las recaídas y los contratiempos ocurren, pero también saben que la recuperación es posible. No se han agotado las oportunidades.

Romper con la vergüenza empieza con algo pequeño. Podría ser un mensaje a un amigo de confianza: "No estoy bien". Podría ser ir a un grupo de apoyo y no decir nada al principio, solo escuchar. Incluso podría ser susurrarte tu verdad frente al espejo: "No soy mi peor día. No soy mi adicción".

Para el familiar, significa negarse a usar la vergüenza como arma. Significa recordar que la adicción no es prueba de un colapso moral. Hablar con compasión no excusa el daño, sino que crea espacio para el cambio. Dice: "Veo tu humanidad incluso cuando no puedo aceptar tu comportamiento".

La vergüenza muere a la luz de la conexión. Puede que te sientas indigno de esa luz, pero la valía no es un requisito previo para la sanación. La conexión no espera a que seas perfecto. Te encuentra en medio de la ruina, justo donde estás.

La dimensión espiritual
Entrega y conexión

Para los refugiados espirituales, la palabra "rendición" puede sonar como una trampa. Puede que la religión se haya usado en su contra, utilizando la vergüenza como arma o exigiendo obediencia ciega. Pero rendirse en recuperación es diferente. No es humillarse ante un dios castigador. Es un acto de valentía: admitir que el control es una ilusión y que la sanación requiere ayuda externa.

Si apenas aguantas, esto es para ti: rendirse no significa renunciar a la vida ni resignarse a la desesperación. Significa soltar la ilusión de que puedes solucionar esto solo. Significa reconocer la verdad que has estado demasiado agotado para decir en voz alta: "Necesito ayuda". Eso no es debilidad. Es la frase más valiente que jamás podrías pronunciar.

Rendirse podría ser como contestar el teléfono incluso cuando tu orgullo te grita que no lo hagas. Podría ser estar sentado en una reunión de recuperación con los brazos cruzados, desafiando en silencio a alguien a demostrar que la esperanza es real. Podría ser tan simple como sentarse bajo un cielo oscuro, susurrarle al universo o a un poder que no estás seguro de que exista: "Por favor, nos vemos aquí. Por favor, muéstrame el camino a seguir".

La conexión también puede parecer peligrosa cuando te han herido, juzgado o abandonado.

Arriesgarse a conectar después de una traición requiere una valentía increíble. Pero el aislamiento es el arma predilecta de la adicción. Incluso una sola conversación honesta, un padrino que responda a tu llamado, un amigo que te acompañe sin juzgarte puede abrir una grieta en la oscuridad. No tienes que unirte a una iglesia ni adoptar las creencias de otra persona para conectar. Solo tienes que dar un pequeño paso para salir de las sombras y acercarte a otro ser humano.

Si estás leyendo esto y piensas que ya has fracasado demasiadas veces como para volver a intentarlo, escucha esto: no estás inalcanzable. El naufragio no es el final de tu historia. La entrega y la conexión no se tratan de la perfección. Se trata de negarse a desaparecer, incluso cuando la vergüenza y el agotamiento te dicen que te rindas. El amor, la gracia y el espíritu humano compartido son aún más grandes que tu peor momento, y te esperan, incluso aquí, incluso ahora.

Esperanza más allá de la jaula

Imagínese esto: un hombre que antes se despertaba cada día con las manos temblorosas ahora despierta con el sonido de la risa de su hija que se escucha en el pasillo. La misma cocina donde antes escondía botellas es ahora donde prepara panqueques los sábados por la mañana. Así es la vida fuera de la jaula.

La esperanza no siempre se siente como un fuego ardiente. A veces es una chispa frágil que apenas se ve a través del humo. Puede que no te sientas esperanzado ahora mismo, incluso podrías sentirte insensible o convencido de que la esperanza es para otros. Pero la esperanza es real incluso cuando no la sientes. Actúa silenciosamente en lugares que aún no puedes ver: en el cerebro que puede sanar y reconectar, en las relaciones que se pueden reparar, en el futuro que aún no puedes imaginar. La esperanza es así de tenaz. Sobrevive a tu incredulidad.

La vida fuera de la jaula no es perfecta, pero es profundamente diferente. Fuera de la jaula, las mañanas pueden traer paz en lugar de pánico. La confianza, una vez rota, puede reconstruirse lentamente. La risa puede regresar a espacios que han permanecido en silencio durante años. Empiezas a recordar cómo se siente la alegría sin la niebla de la vergüenza ni el atajo químico de una copa o una dosis. Momentos sencillos, como tomar la mano de tu hijo, compartir una comida sin miedo, despertar sin remordimientos, se vuelven sagrados. Fuera de la jaula, eres libre de construir un futuro que no esté definido por las exigencias de la adicción, sino por el amor, el propósito y la presencia. Aunque aún no puedas ver ese futuro, aún es posible, y la esperanza ya te impulsa hacia él.

Algunas personas encuentran la libertad mediante la recuperación de 12 pasos, otras mediante terapia, programas alternativos o una combinación de enfoques. Lo importante no es encajar en el molde de otra persona, sino encontrar lo que funciona y recorrer ese camino paso a paso.

Marcus finalmente entró en tratamiento, no porque la vergüenza lo acorralara, sino porque la honestidad y la conexión rompieron la jaula. Se sentó en un círculo de desconocidos y escuchó a un hombre decir: "No eres una mala persona. Eres un enfermo que se recupera". Las palabras desataron algo dentro de él. Nombraron lo que la vergüenza no podía: la adicción no era un veredicto sobre su carácter. Era una herida que necesitaba sanar.

Preguntas de reflexión para el capítulo 3

Piensa en un momento en que la vergüenza influyó en tu percepción de ti mismo o de alguien a quien amas. ¿Cómo afectó esa vergüenza tu capacidad para buscar u ofrecer ayuda?

¿De qué maneras has creído tú u otras personas la mentira de que la adicción es un fracaso moral? ¿Cómo ha afectado esa creencia tus relaciones o tu proceso de recuperación?

¿Qué significa para usted la rendición, no en un sentido religioso, sino como un paso valiente hacia la honestidad y la conexión?

Imagina la jaula descrita en este capítulo. ¿Qué barrotes, miedo, orgullo, vergüenza y aislamiento, podrían tener que romperse en tu vida para que entre la esperanza?

Capítulo 4
La vergüenza es un asesino

La reunión en el sótano

Jenna estaba sentada en su coche afuera del sótano de una iglesia, agarrando el volante con fuerza hasta que le dolían los nudillos. El cartel en la puerta decía "Reunión de Recuperación - Todos Bienvenidos", pero su mente era un torbellino de acusaciones. Te juzgarán. No perteneces aquí. Eres un fracaso, otra vez.

Ese mismo día, escuchó a su prima murmurar por teléfono: "Jenna está perdida". Las palabras no solo la hirieron; desgarraron la fina capa de esperanza que le quedaba. Pero la vergüenza era más profunda que la decepción de su familia. Jenna se sintió abandonada por Dios. Criada en un hogar religioso estricto, le habían enseñado que los buenos cristianos no tropiezan así. Aún podía oír la voz de un antiguo pastor de jóvenes: "El pecado te separa de Dios". Sentada sola en el coche, lo creyó, creyó que su recaída no era solo una prueba de debilidad, sino la prueba de que incluso el cielo le había dado la espalda.

Las lágrimas le nublaron la vista mientras apretaba el volante con más fuerza. Quería orar, pero no encontraba palabras que no sonaran vacías. Se imaginó a Dios meneando la cabeza con disgusto, con los brazos cruzados, reacio a escuchar otra promesa vacía. La idea de entrar en el sótano de una iglesia le parecía una broma cruel. ¿Qué tenía que hacer ella entrando en la casa de Dios después de romper todos sus votos?

Estuvo a punto de girar la llave para irse. Pero algo, quizá desafío, quizá desesperación, la impulsó a abrir la puerta. Entró con la mirada fija en el suelo, preparándose para las miradas frías que estaba segura de que le esperaban.

En cambio, escuchó a un hombre hablar de su propia recaída. Habló con claridad, con voz temblorosa, pero sin remordimientos: "Metí la pata. Me odiaba. Pensé que Dios ya había terminado conmigo. Pero aquí estoy". La sala no lo condenó. Se inclinó hacia él. Asentimientos silenciosos. Suaves "yo también". Una mujer se acercó y le apretó la mano.

Algo se quebró en el pecho de Jenna. Por primera vez en meses, sintió una punzada de calidez, pequeña, frágil, pero real. No fue que toda su vergüenza se desvaneciera en ese instante, ni que su percepción de Dios sanara de la noche a la mañana. Pero por primera vez, se preguntó si la vergüenza le había estado mintiendo. Tal vez Dios no estaba disgustado con ella. Tal vez el Dios del que le habían hablado, el que lleva la cuenta, no lo era todo. Tal vez la gracia era más grande que el desastre.

Lo que la vergüenza le hace a los adictos y a sus familias

La vergüenza no es solo una emoción desagradable, sino corrosiva, asfixiante y cruel. Se infiltra en lo más profundo de tu identidad y reescribe el guion de quién eres. Si eres alguien atrapado en una adicción, la vergüenza insiste: "Esto no es algo que hiciste, esto es lo que eres. Roto. Sin esperanza. Indigno". Te dice que no importa cuántas veces lo intentes, el fracaso... Te definirá. Incluso cuando te animas a pedir ayuda, la vergüenza te interrumpe: No te molestes. Solo verán lo decepcionante que eres.

Para las familias, la vergüenza es igualmente devastadora. Convence a los padres de que son malos padres o madres, a los cónyuges de que son, de alguna manera, parejas defectuosas, a los hermanos de que su familia está marcada permanentemente por el fracaso. La vergüenza aísla a familias enteras, manteniéndolas en silencio cuando más apoyo necesitan. Los padres dejan de hablar con sus amigos, aterrorizados por ser juzgados. Los cónyuges se aíslan de la comunidad, sin querer responder preguntas sobre otro turno perdido o una nueva visita a rehabilitación. Los niños internalizan el dolor no expresado, creciendo con la creencia de que los secretos son más seguros que la verdad.

La vergüenza no solo hiere, sino que construye muros. Rompe la confianza, no solo entre seres queridos, sino también en el corazón de la persona que lucha. Alimenta mentiras: No mereces ayuda. No mereces amor. Ni siquiera mereces volver a intentarlo. Con el tiempo, la vergüenza puede hacer creer a alguien que las ruinas de su adicción son todo lo que será. Esa creencia es letal. Mantiene a las personas consumiendo cuando desean desesperadamente dejarlo. Mantiene a las familias atrapadas en patrones de silencio que sofocan la sanación.

La tiranía de la vergüenza

La vergüenza no es pasiva, es una tirana. Gobierna por el miedo, controlando tus decisiones, silenciando tu voz y encadenándote al pasado. No solo murmura, sino que ordena: No se lo digas a nadie. No pidas ayuda. No te atrevas a creer que puedes cambiar. Sabotea cada frágil intento de recuperación. Faltas a la reunión, evitas la llamada, le mientes a la persona que amas, no porque no te importe, sino porque la vergüenza te ha convencido de que la verdad te destruirá.

Para los refugiados espirituales, la tiranía de la vergüenza puede resultar aún más pesada. Cuando la vergüenza se ha visto reforzada por la religión, cuando te han dicho que tu adicción no es solo una lucha humana, sino un fracaso moral que repugna a Dios se vuelve casi insoportable. La vergüenza te dice que incluso el cielo te ha dado la espalda. Distorsiona la gracia en condenación. Hace que el Dios del amor parezca un anotador esperando aplastarte.

Los sistemas culturales y familiares a menudo se hacen cómplices de esta tiranía. Las familias susurran: "No hablamos de esas cosas". Las iglesias predican: "Los buenos cristianos no luchan contra la adicción". Las comunidades les dan la espalda, pensando que la humillación asustará a alguien y lo obligará a cambiar. Pero la humillación nunca sana, solo endurece los muros de la vergüenza.

La vergüenza es un dictador que quiere gobernar tu futuro. Prospera en el secreto, alimentándose de tu silencio. Quiere hacerte creer que nadie podría entenderte, que nadie podría seguir amándote, que estás demasiado perdido. Pero la vergüenza es una mentirosa. El tirano pierde su poder real una vez que sale a la luz. Nombrarlo, compartir tu historia, buscar conexión, todos estos son actos de rebelión contra su dominio.

Hablar palabras sanadoras en lugar de vergüenza

El poder de romper la vergüenza comienza con palabras nuevas. Palabras que suenan así:

"Yo también."

"No eres tu peor día".

"Tu historia no ha terminado".

Imagina a Jenna entrando a esa reunión en el sótano y escuchando esas palabras. Lo que temía, el juicio, fue reemplazado por empatía. La historia honesta de alguien se convirtió en un salvavidas. Una frase compasiva puede detener la vergüenza por completo.

Pero la vergüenza no solo reside en los fracasos presentes, sino que perdura en los recuerdos. El pasado se repite como una cruel película, recordándote cada promesa rota, cada puente quemado, cada palabra hiriente. La vergüenza de enfrentar el pasado puede resultar insoportable. Insiste: "No puedes avanzar. Ya has causado demasiado daño". Te dice que sanar es para los demás, no para alguien con tu historia. Pero avanzar es imprescindible. El pasado puede moldearte, pero no es dueño de tu futuro. La recuperación y la sanación exigen que dejes de permitir que los fracasos de ayer dicten las posibilidades del mañana.

Romper con la vergüenza comienza en los momentos de calma en los que eliges una historia diferente. Decir palabras sinceras no se trata de fingir que el pasado no ocurrió, se trata de negarse a que defina lo que viene después. Cuando dices: "Soy más de lo que he hecho", participas en algo sagrado. En los círculos de recuperación, muchos lo llaman gracia. Otros lo llaman amor, luz o simplemente verdad. Sea cual sea el nombre que le des, hay un poder espiritual en las palabras que recuperan la identidad. Tienen una fuerza mayor que las acusaciones de la vergüenza.

Esto no es fácil. Decir palabras nuevas puede parecer antinatural, incluso falso, al principio. Pero con el tiempo, la práctica se convierte en una especie de rebelión silenciosa, una declaración de que la vergüenza no te gobierna. Cada vez que afirmas: "Todavía soy digno" o "Mi historia no ha terminado", rompes el hechizo de la vergüenza e invitas a algo más grande, a la esperanza, a la gracia, a lo sagrado, a reescribir tu historia.

Las familias también pueden elegir palabras que sanen. En lugar de decir: "Siempre lo arruinas todo", pueden decir: "Te quiero lo suficiente como para ser sincero. No te lo permitiré, pero estoy aquí". En lugar de decir: "Nunca cambiarás", pueden intentar: "Creo que el cambio es posible, aunque todavía no lo vea". Estas no son soluciones mágicas, pero crean un espacio para la conexión, lo opuesto a la vergüenza.

Esperanza y recuperación de la identidad

La tiranía de la vergüenza pierde su poder cuando se recupera la identidad. Los adictos no se definen por su adicción. Las familias no se definen por sus errores. No eres la suma de tus peores decisiones ni de tus fracasos más dolorosos.

Recuperar la identidad puede empezar poco a poco: decirte a ti mismo: "Soy más que mi adicción". Puede ser compartir tu historia en un espacio seguro, escuchar a otra persona decir: "Yo también" y darte cuenta de que no estás solo. Puede ser practicar ejercicios de conexión a tierra cuando la vergüenza amenaza con desbordarse, respirar hondo, tocar algo sólido, nombrar cinco cosas que puedas ver, para recordarte que sigues aquí, que sigues siendo valioso.

Para los refugiados espirituales, esta recuperación puede significar separar la voz de la vergüenza de la voz de lo sagrado. La vergüenza dice: "No vales nada". Lo sagrado dice: "Eres amado, incluso aquí". No necesitas retroceder a espacios dañinos para encontrar la gracia. La gracia puede encontrarte en una reunión en el sótano, en la consulta de un terapeuta, en un paseo nocturno o en una palabra tranquila dirigida a un poder cuya existencia desconoces.

La vergüenza te dirá que guardes silencio. Pero la sanación comienza con una sola palabra temblorosa dicha en voz alta. La esperanza nace en el momento en que te das cuenta de que el tirano es un fraude.

Dios no hace vergüenza

Si tu imagen de Dios es la de un juez ceñudo que lleva la cuenta de tus fracasos, escucha esto: esa imagen es una distorsión, no lo divino. Dios no usa la vergüenza como arma. Lo sagrado no se deleita en tu humillación ni en tu colapso. El corazón de Dios, llámalo Amor,

Gracia o Espíritu, no se inclina a la condenación, sino a la restauración.

A lo largo de la Biblia hebrea (Antiguo Testamento) y del Nuevo Testamento, la historia de Dios revela una y otra vez a un Dios de amor y compasión, un Dios que ve más allá del fracaso y la vergüenza, hacia la verdad más profunda de nuestra humanidad. Las páginas están llenas de momentos en los que Dios elige la misericordia sobre el juicio, la sanación sobre el castigo y la restauración sobre la exclusión. Estas historias no son excepciones ni notas al pie raras; son el corazón de la narrativa. Nos recuerdan que la vergüenza nunca tuvo la intención de ser la última palabra en la vida de nadie.

Para muchos en recuperación, especialmente refugiados espirituales, esto puede parecer inconcebible. Años de humillación religiosa pueden haberlos convencido de que el cielo los rechaza. Pero ¿y si Dios nunca ha sido la fuente de su vergüenza? ¿Y si, incluso en su momento más oscuro, el Amor estuviera sentado a su lado entre los escombros, negándose a irse?

El camino hacia la recuperación no se trata de ganarse la aprobación de Dios ni de humillarse por ser digno, sino de descubrir que, desde un principio, nunca fuiste indigno. Lo sagrado te encuentra en los momentos que más temes: el pánico nocturno, el asiento del auto manchado de lágrimas, la mano temblorosa en la manija de la puerta del sótano. Dios no lleva la cuenta de tus fracasos; Dios sigue extendiéndote la mano.

Para sanar, quizás tengas que dejar morir la vieja imagen de un Dios que te condena y dar nacimiento a una nueva imagen: un Dios con ojos tiernos de compasión, voz firme de misericordia y manos extendidas hacia ti. En la recuperación, estás invitado a conocer a este Dios, no como un tirano, sino como un compañero que te acompaña hacia la libertad.

No hacemos vergüenza

Como pastor y director ejecutivo de FREE Recovery Community, les digo: No nos avergonzamos. No es solo un eslogan pegadizo, es un grito de guerra. Si leen esto pensando que no pertenecen, que su pasado los descalifica, que Dios ya no los necesita, escúchenme: la vergüenza les miente.

En nuestra comunidad, no nos inmutamos ante el desastre. Nos apoyamos. Nos hemos sentado con personas que pensaban que estaban demasiado lejos, que entraron por nuestras puertas convencidas de que todos las juzgarían. ¿Y saben qué pasa? Nadie se da la vuelta. Nadie dice: "No perteneces". Aceptamos el desastre porque es ahí donde la gracia se manifiesta mejor.

Pero escuchen esto con claridad: "No avergonzamos" no significa que no pongamos límites. No significa que no haya responsabilidad ni que se ignoren los comportamientos destructivos. Lo que sí significa es que el amor y la compasión siempre son un mejor punto de partida que la vergüenza. Los límites protegen las relaciones y la responsabilidad fomenta el crecimiento, pero funcionan mejor cuando se basan en la dignidad, no en la humillación.

Y aquí está la cruda realidad: la pertenencia aplasta la vergüenza. Cuando entras en una habitación y te das cuenta de que la gente te ve, a ti mismo, y no te da la espalda, algo en tu interior empieza a cambiar. La pertenencia susurra una verdad más fuerte que la vergüenza: eres digno de amor y pertenencia, sin importar lo que hayas dejado atrás. Cuando la pertenencia se arraiga, la vergüenza pierde su control. Las viejas mentiras, de que no eres digno de amor, de que estás demasiado roto, empiezan a desvanecerse ante la luz de la conexión real.

Aquí es donde cobra vida lo que dijimos sobre Dios: Dios no avergüenza, y nosotros tampoco. Si Dios no lleva la cuenta para aplastarte, ¿por qué lo haríamos nosotros? La vergüenza no cura. La vergüenza no trae libertad. Nunca lo ha hecho y nunca lo hará.

Preguntas de reflexión para el capítulo 4

Piensa en una ocasión en la que la vergüenza te silenció a ti o a un ser querido. ¿Cómo afectó tu capacidad para pedir u ofrecer ayuda?

¿De qué maneras los sistemas culturales, familiares o religiosos han utilizado la vergüenza en tu vida? ¿Cómo ha influido eso en tu comprensión de ti mismo o de Dios?

¿Qué palabras o acciones sanadoras podrías ofrecer, a ti mismo o a otra persona, que pudieran interrumpir el control de la vergüenza hoy?

¿Cómo podría el recuperar su identidad más allá de la vergüenza comenzar a cambiar la forma en que usted avanza en su recuperación o apoya a alguien a quien ama?

Capítulo 5
Hablando con realismo, no predicando

El momento en que las palabras se quedaron sin sentido

Kara estaba sentada a la mesa de la cocina de su amiga, con los ojos rojos y enrojecidos por otra noche de preocupación. Su hermano había vuelto a la calle tras prometer que se desintoxicaría. No había comido. No había dormido. Cuando finalmente pidió ayuda, alguien de su antigua iglesia le ofreció una sola frase: "Dios no te dará más de lo que puedas soportar". Kara asintió cortésmente, pero por dentro, algo se endureció. Las palabras parecían de plástico. No aliviaban el dolor en su pecho ni el pánico en su estómago. No necesitaba un eslogan. Necesitaba a alguien que la acompañara en medio de la ruina.

Esto es lo que pasa cuando hablamos con clichés en lugar de la verdad. Los clichés pueden hacernos sentir que dijimos algo útil, pero para quienes sufren, pueden profundizar la herida. Los adictos y sus seres queridos no necesitan sermones refinados. Necesitan palabras reales, confusas y vulnerables que digan: "Te veo y estoy aquí".

Por qué fracasan los clichés y la jerga religiosa

Las personas al límite pueden detectar las palabras falsas o preconcebidas a kilómetros de distancia. Lo han oído todo: "Todo sucede por una razón". "Dios tiene un plan". "Solo ten más fe". Para alguien que está sumido en una profunda adicción o que ama a alguien que la padece, esas palabras no suenan a consuelo, sino a rechazo. Para los refugiados espirituales, pueden sonar como las mismas armas que una vez los expulsaron de la iglesia.

Los refugiados espirituales conocen el dolor de las palabras que redujeron su dolor a un eslogan o insinuaron que su sufrimiento era culpa suya. Les han dicho, directa o sutilmente, que, si tan solo rezaran con más ahínco, creyeran más o se comportaran mejor, no estarían en el lío en el que están. Cuando te han quemado con ese tipo de discurso, incluso un atisbo puede cerrar la puerta a la confianza.

Y no se trata solo de evitar frases eclesiásticas para estar de moda o ser "relevantes". Se trata de seguir el camino de Jesús. Jesús siempre habló con personas reales, en lugares reales, en momentos históricos concretos, mirándolos a los ojos y adentrándose en su sufrimiento. Nunca usó frases vacías para evadir el dolor ni el miedo de alguien ni para obligarlo a obedecer. El miedo no es una buena táctica, nunca lo fue, y sin embargo, innumerables religiosos lo han usado como si asustar a alguien sanara su alma. No es así. Solo profundiza la herida.

A todo pastor, consejero, padrino o amigo que intenta acompañar a personas en su proceso de adicción y recuperación: este es el llamado a dejar de lado esas frases. Quizás parezca que estás desgarrando parte de tu propio vocabulario espiritual, porque muchos crecimos con esos dichos. Están presentes en sermones, devocionales y frases para tazas. Pero si queremos hablar con quienes se están ahogando, debemos dejar de lanzarles pegatinas cuando lo que necesitan es una mano.

Sí, dejar atrás los clichés es difícil. Significa afrontar la incomodidad del silencio cuando no se tiene la respuesta perfecta. Significa admitir: "No sé por qué pasa esto" en lugar de disimular el dolor con una simple obviedad. Pero esa honestidad es sagrada. Es en el lenguaje en el que los adictos, sus seres queridos y los refugiados espirituales pueden confiar.

Hablar con sinceridad significa reconocer el caos: "Esto es duro. Es injusto. Duele muchísimo. Y no estás solo". Esas palabras cuestan más, cuestan tu vulnerabilidad y tu presencia. Pero son las que rompen los muros de la vergüenza e invitan a la gente a quedarse.

El poder de la vulnerabilidad y la historia

Las historias cambian corazones. La vulnerabilidad genera confianza. Si has pasado por el fuego, tus cicatrices hablarán más fuerte que cualquier sermón. Cuando compartes honestamente tus momentos de tristeza, tus dudas, tus fracasos, las veces que te has enojado con Dios, estás diciendo: "Yo también. Lo entiendo". Ese "yo también" puede salvar vidas.

Pero seamos realistas: la vulnerabilidad es aterradora. Si te han quemado antes, si te han juzgado, te han silenciado o te han dado consejos condescendientes al arriesgarte a abrirte, la idea de volver a exponer tu corazón te parece imposible. Quizás pienses: "Si digo la verdad sobre mi dolor, me rechazarán. Lo usarán en mi contra. Confirmarán todo lo feo que ya sospecho sobre mí".

Esta es la verdad que nadie te dijo: la vergüenza quiere callarte porque el silencio te mantiene estancado. El riesgo parece enorme, pero la recompensa es la libertad. La vulnerabilidad no es debilidad, es desafío. Es mirar a la vergüenza a los ojos y decirle: "Ya no me tienes". Y cuando vas primero, cuando abres tu historia, aunque sea un poco, les das permiso a todos a tu alrededor para que también se quiten las máscaras.

La religión a menudo ha desalentado la vulnerabilidad, enseñando a las personas a ocultar sus dudas y a pulir sus historias hasta que brillen. Pero si queremos espacios de fe auténticos donde se produzca una verdadera transformación, debemos apoyarnos en la vulnerabilidad. Y aquí es donde se vuelve personal: líderes, conozco el miedo que sienten. Les han dicho que mantengan la compostura, que proyecten fuerza, que nunca dejen que se vean las grietas. Temen que, si exponen sus luchas, la gente les pierda el respeto o se aleje. Ese miedo es real, es intenso y es válido.

Pero aquí está la verdad más profunda: la gente no necesita líderes perfectos. Necesita líderes honestos. Cuando asumes ese miedo y te presentas como un ser humano completo e imperfecto, le das a tu comunidad la valentía para hacer lo mismo. Tu disposición a ser vulnerable dice: "Aquí estás seguro. No tienes que esconderte". Así es como se derrumban los muros. Así es como nace la fe auténtica, no de actuaciones refinadas, sino de la humanidad compartida.

Lo sé por experiencia. Cuando logré la sobriedad en 2013, no era solo un tipo más luchando contra la adicción, era un pastor. Era el pastor borracho, y la vergüenza de eso casi me destrozó. Durante los primeros tres años de mi recuperación, guardé silencio, esperando y rezando para que nadie descubriera que, tras los sermones y las sonrisas dominicales, era un alcohólico. Me asfixiaba bajo el peso de mi propia hipocresía, aterrorizado de que si la gente supiera la verdad, todo se derrumbaría.

Tres años después, con la ayuda de mi padrino y mentores de confianza, finalmente rompí el silencio. Un domingo por la mañana, en los tres servicios religiosos, me quedé temblando, con la voz temblorosa, y compartí mi historia. Estaba convencido de que algunos se irían, murmurarían a mis espaldas o nunca volverían a mirarme con los mismos ojos.

Pero algo más ocurrió. Me recibieron con gracia. Me recibieron con compasión. Y en ese momento sagrado, algo se abrió, no solo en mí, sino en la sala. La gente se acercó con sus propias historias. Susurraron sus partes destrozadas. Me confiaron su dolor. Me di cuenta de cuántos se estaban ahogando en silencio, desesperados por que alguien se les acercara.

Esa mañana lo cambió todo . Fue uno de los momentos que dieron origen a FREE Recovery Community, el espacio que mi esposa, Tami, y yo construimos más tarde para adictos, seres queridos de adictos y refugiados espirituales. Si estás leyendo esto y te aterra que alguien vea detrás de tu máscara, escúchame: tu historia tiene poder. La sanación de alguien más podría comenzar con tu honestidad. No dejes que la vergüenza te mantenga en silencio un día más. El mundo no necesita tu perfección, necesita tu verdad.

Charla real para adictos reales

Seamos honestos: para muchos adictos y refugiados espirituales, la forma tradicional de hablar de la iglesia, el lenguaje interno, los eslóganes refinados, los símbolos religiosos recargados, no se ha sentido como amor. A menudo se ha sentido como una puerta cerrada. No es que esas palabras o símbolos sean malvados o inútiles. Pueden tener una profunda belleza y significado. Pero nunca pueden ser lo primero. No pueden ser el primer apretón de manos.

Líderes religiosos, esta parte es para ustedes. Si la cruz en la pared, las frases de los entendidos o la jerga cristiana impiden que las personas heridas siquiera crucen la puerta, necesitan la valentía de dejarlas a un lado. Las personas siempre están por encima de las tradiciones. Jesús lo ejemplificó una y otra vez. Prefirió a la persona por encima del ritual, la relación por encima de la regla. Elegir el sufrimiento por encima del símbolo no es traición, es discipulado.

Jesús no iniciaba conversaciones con declaraciones doctrinales ni oraciones refinadas. Se arrodilló en el suelo con una mujer avergonzada. Cenó con gente que la clase religiosa evitaba. Contó historias de semillas y tormentas, de padres e hijos perdidos, porque las personas reales con dolor real necesitaban palabras que les llegaran al corazón.

Las tradiciones pueden ser hermosas. Los rituales pueden sanar. Pero nunca son la puerta a la gracia para alguien que ya se siente indigno o indeseable. Si los símbolos religiosos y las conversaciones privadas te parecen una barrera, ten el coraje de deshacerte de ellos, o al menos deshacerte de ellos, hasta que el amor haya hecho su trabajo.

Líderes religiosos que buscan un nuevo camino: hablen el lenguaje de la calle, del círculo de recuperación y del corazón quebrantado. No les pidan a las personas que descifren su mundo antes de poder darles la bienvenida. Construyan el puente. Encuéntrenlos donde estén. Eso no es diluir el evangelio, eso es seguir a Jesús.

Herramientas prácticas para comunicar la realidad

Escucha más de lo que hablas. A veces, lo más sagrado que puedes hacer es callar y estar presente. Deja que el silencio hable más fuerte que los consejos.

Haz preguntas honestas y abiertas. En lugar de "¿Por qué no puedes parar?", intenta preguntar "¿Cómo te sientes hoy?".

Elige la empatía en lugar de la persuasión. No intentas ganar un debate, intentas tender un puente.

Honra el dolor sin curarlo. Resiste la tentación de atar un lazo elegante al sufrimiento de alguien. Está bien decir: "No sé qué decir, pero aquí estoy".

Habla desde tus cicatrices, no desde tu pedestal. La autenticidad es magnética. Pretender que lo tienes todo bajo control crea distancia.

Cuando las palabras reales curan

Imagínate a Kara de nuevo, pero esta vez, en lugar de oír: "Dios no te dará más de lo que puedas soportar", oye: "Esto es brutal. Veo lo agotada que estás. No tienes que aguantar esto sola". Esa respuesta simple y real no lo soluciona todo. Pero le da un respiro de alivio. Le dice que no es invisible. Le dice que vale la pena escucharla.

Hablar con sinceridad no se trata de una frase perfecta. Se trata de presencia. Se trata de presentarse con honestidad, humildad y la disposición a afrontar el caos. Para los adictos, sus seres queridos y los refugiados espirituales, esas palabras pueden ser un salvavidas, una prueba de que la conexión aún es posible, incluso en medio de la destrucción.

Preguntas de reflexión para el capítulo 5

Recuerda alguna vez en que las palabras de alguien te resultaron huecas o hirientes en un momento difícil. ¿Qué hizo que fallaran?

Piensa en una ocasión en que alguien te habló con honestidad y vulnerabilidad. ¿Cómo te afectó?

¿Qué clichés o frases necesitas desaprender para poder hablar con más autenticidad a quienes sufren?

¿Cómo podrían sus propias cicatrices o luchas convertirse en parte de la manera en que usted comunica esperanza sin predicar?

Capítulo 6
Enseñar sabiduría espiritual sin bagaje religioso

El peso del bagaje religioso

Para muchas personas, especialmente refugiados espirituales y quienes han sido afectados por la adicción, la religión ha sido menos una fuente de consuelo que una fuente de dolor. Quizás fue el predicador que arremetía contra la justicia en lugar de ofrecer gracia. Quizás fue el líder juvenil que les dijo que sus preguntas eran rebeldía en lugar de curiosidad. Quizás fue la iglesia que les dio la espalda cuando la adicción, el divorcio o la depresión se volvieron demasiado problemáticos para su imagen. Quizás fueron las conversaciones en voz baja sobre a quién amaban, o las reglas tácitas sobre qué color de piel, nivel de ingresos o teología eran realmente aceptables.

Este tipo de exclusión, al señalar quién está "dentro" y quién "fuera", ha herido a innumerables personas. Cuando los líderes afirman que el amor de Dios es solo para los de adentro, no solo daña a los excluidos. Envenena a todos. Siembra el miedo: "Si ellos no están dentro, ¿cómo puedo estar seguro de que yo sí lo estoy?". Ese tipo de pensamiento genera ansiedad, vergüenza y división. No es el corazón de Dios.

El peso de este equipaje puede ser abrumador. Oprime como una piedra el pecho, haciendo que cada respiración se sienta pesada. Distorsiona el rostro de Dios hasta que parece más un guardián que una fuente de gracia. Para muchos, incluso el lenguaje de la fe se ha convertido en un detonante, un recordatorio de rechazo y control.

Pero esta es la verdad: todo tiene que ser más inclusivo si quiere parecerse al Dios revelado en amor. Dios no encaja en las estructuras que hemos construido. Intentar contener a Dios en sistemas rígidos o pequeños círculos de aprobación no funciona. Los adictos y sus seres queridos lo comprendieron hace mucho tiempo. Para salir del hoyo, para sobrevivir, tuvieron que imaginar un Dios mucho más grande, más bondadoso y libre que el que les fue entregado. Tuvieron que creer en un Amor que pudiera alcanzarlos en la miseria o en el abismo de la desesperación, un Amor que no se limitara a manos limpias y reputaciones impecables.

Si ese es tu caso, si te han dicho que no perteneces, escucha esto: tu dolor es real y no estás solo. Alejarse de la religión dañina no significa alejarse de Dios. Significa buscar al Dios que ya te busca. Lo Divino no se siente amenazado por tus dudas, tu ira, tu quebrantamiento ni tu esperanza de algo más verdadero. Dios es más grande, más amplio y salvaje que el pensamiento excluyente que te lastimó. Y ese Amor más grande ya te está buscando.

Para los refugiados espirituales, esto es importante: no rechazan lo sagrado solo porque han rechazado lo que les hizo daño. Y para los líderes, este es su recordatorio: una imagen sana de Dios es de amor y compasión, no de condenación. El Dios que se encuentra con las personas en su fragilidad no es frágil ni se siente amenazado por sus preguntas.

Si eres un líder religioso, debes saber esto: la gente entra en tus espacios con heridas que no siempre puedes ver. Tus frases, rituales o símbolos favoritos pueden parecerte seguros, pero podrían reabrir viejas cicatrices para alguien más. La sabiduría empieza por comprender su dolor antes de defender tus tradiciones.

Desenterrando la sabiduría más allá de los muros

La sabiduría espiritual no solo reside en púlpitos o libros sagrados. Late en los ritmos de la vida cotidiana, en la línea de bajo de una canción que te desgarra, en el amanecer que te toma por sorpresa, en la voz temblorosa de alguien en un círculo de recuperación que dice: "Casi no llego esta noche". La sabiduría se puede encontrar en la poesía, en la risa en la mesa, en el viento en la cara al caminar o en el lloroso "yo también" de alguien que ha estado en tu misma situación.

Las Escrituras, ya sea la Biblia hebrea (Antiguo Testamento) o el Nuevo Testamento, son una rica fuente de sabiduría. Nos brindan historias de fracaso y redención, de exiliados que encuentran hogar, de marginados que son vistos y de personas destrozadas que son restauradas. Ofrecen verdades profundas sobre el amor, la justicia, la misericordia y la gracia. Pero no es nuestra única fuente. Lo sagrado no se limita a las páginas de un solo libro. La sabiduría de Dios se manifiesta en la voz de un padrino, en la honestidad de un amigo, en los lemas de recuperación, en el arte y la naturaleza, y en los lugares que la religión a veces pasa por alto.

Líderes religiosos, aquí es donde deben detenerse y preguntarse: ¿A quién intentan realmente alcanzar? ¿Su misión es impresionar a otras personas de la iglesia o es apoyar a los que sufren, a los quebrantados, a los marginados? Si es esto último, y debería serlo, entonces algunas de sus preciadas tradiciones y costumbres religiosas podrían tener que desaparecer. Si un ritual, una frase o un símbolo tranquiliza a los de adentro, pero aleja a los de afuera, está saboteando la misma misión a la que dicen servir.

Si mata la misión, mata la tradición. Jesús hizo esto constantemente. Sanó en sábado incluso cuando los guardianes religiosos se enfurecieron, y acogió a quienes eran considerados impuros. Nos mostró que el amor de Dios es demasiado urgente y desmedido como para estar sujeto a reglas que protegen a los poderosos, pero ignoran a los que sufren. Cuando la misión es alcanzar a los desesperados y olvidados, la comodidad de los que están dentro no puede ser la prioridad.

Para los líderes, esto significa aprender a bailar con múltiples fuentes de sabiduría y dejar que Dios los guíe más allá de su zona de confort. La Escritura es vital, pero no es la única maestra. Dios no se limita a su tradición, su traducción ni su teología preferida. Dios es lo suficientemente grande como para estar presente en la historia conmovedora de un adicto, en la letra de una canción en la radio o en la frágil esperanza que sienten bajo un cielo estrellado.

Esto puede ser inquietante para quienes fuimos entrenados para respetar los límites de las respuestas "ortodoxas". Pero el Espíritu se mueve donde quiere, negándose a ser encasillado por nuestros sistemas. Para enseñar sabiduría espiritual sin cargas religiosas, hay que estar dispuesto a salir de los muros familiares y confiar en que Dios nos encontrará allí. Esa confianza no diluye las Escrituras, sino que las honra. Las mismas escrituras que hablan de profetas que escuchaban a Dios en susurros y pastores que veían ángeles también nos recuerdan que lo Divino es incontenible. Las huellas de Dios están en todas partes, esperando ser percibidas.

Prácticas que no hacen daño

Las prácticas espirituales no tienen por qué ser complicadas ni estar envueltas en dogmas. Pueden ser sencillas, crudas y accesibles:

Respiración: Respira lenta y pausadamente tres veces. Siente que estás vivo.

Listas de gratitud: escribe tres cosas por las que estás agradecido, incluso si una de ellas es simplemente: "Lo logré hoy".

Círculos de historias: Comparte un momento de tu semana que te haya despertado algo. Escucha sin sermonear, sin sermonear.

Paseos por la naturaleza: Sal al exterior. Deja que el viento en tu piel te recuerde que formas parte de algo más grande.

Oración y meditación: Dedica unos momentos de tranquilidad cada día a centrarte en ti mismo. No tiene por qué ser algo formal ni preestablecido. Puede ser tan sencillo como hablarle sinceramente a Dios o sentarse en silencio a escuchar.

Lectura de textos sagrados: Explora las Escrituras u otros escritos que transmiten sabiduría y esperanza. Las Escrituras siguen siendo una fuente importante, pero se pueden abordar con una nueva perspectiva. Léelas no como un arma, sino como una guía que te lleva a la gracia.

Estas prácticas no exigen recitar credos ni firmar declaraciones de fe. Te invitan a presentarte tal como eres. Para los refugiados espirituales, estas pueden ser puertas suaves hacia la conexión sin temor a ser juzgados. Y para muchos, aquí es donde Dios se reencuentra con ellos, no con vergüenza ni control, sino con ternura y presencia.

Humildad, curiosidad y preguntas

Enseñar sabiduría sin bagaje requiere humildad. Requiere que admitas que no tienes todas las respuestas. Eso es difícil, especialmente para líderes que fueron entrenados para tener certeza, para defender cada doctrina, para nunca decir "No sé". Pero las preguntas no son una amenaza para la fe, son un camino hacia ella. Las preguntas abren puertas que dan certeza. Mantienen cerradas las puertas. Invitan al diálogo, la exploración y el crecimiento. Lejos de descalificarte, tus preguntas honestas pueden establecer un camino espiritual más profundo y resiliente.

La duda no es enemiga de la fe; la indiferencia sí lo es. Dudar significa que te importa lo suficiente como para afrontar las cosas importantes. De hecho, la duda a menudo profundiza la fe, despojando a los clichés superficiales y obligándonos a encontrarnos con lo sagrado de una manera más honesta. Para Jesús, la duda nunca fue un problema. En el evangelio de Mateo, cuando los discípulos estuvieron en la montaña con Jesús después de la resurrección, dice que algunos adoraron y otros dudaron. Jesús no reprendió a los que dudaban. No los despidió. Los acompañó, les dio una misión y confió en ellos para que llevaran esperanza al mundo, incluso con sus preguntas.

La curiosidad es poderosa. Pregúntate: "¿Qué te da esperanza ahora mismo?", "¿Qué ha sido lo más difícil del día?" o incluso "¿Dónde te sientes más vivo?". Estas no son pruebas de ortodoxia. Son invitaciones a una conexión más profunda. La sabiduría crece en el espacio donde las personas se sienten seguras para explorar, dudar y reflexionar.

Líderes, el mundo no necesita discursos más refinados. Necesita guías dispuestos a aprender junto a los que tienen el corazón roto. Enseñen preguntando, escuchando, modelando el asombro. Demuestren que la fe puede ser un camino, no un discurso de ventas. Dios no se siente amenazado por las preguntas; Dios encuentra a las personas en ellas.

Un llamado a los líderes
Las personas por encima de los sistemas

Aquí es donde la cosa se pone incómoda. Si tus tradiciones, rituales o símbolos impiden que las personas heridas entren por la puerta, tienes una opción: proteger el sistema o proteger a la gente. Jesús siempre eligió a la gente. Sanó en sábado incluso cuando los guardianes de las reglas protestaron. Tocó a los leprosos. Acogió a los forasteros. Rompió las expectativas religiosas para amar a los desamparados.

Pero también quiero reafirmarte a ti, el líder, el padrino, el padre, el amigo, que luchas por encontrar una nueva forma de ser. No es fácil dejar de lado lo que siempre has sabido. No es fácil repensar las frases, prácticas y posturas que te han sido impuestas. Es difícil desaprender viejos hábitos y arriesgarse a la vulnerabilidad con personas que llevan cicatrices profundas. Y, sin embargo, cada vez que eliges amar en lugar de temer, escuchar en lugar de predicar, estar presente en lugar de dar la espalda, estás pisando tierra sagrada.

Para quienes estén dispuestos a intentarlo: ya forman parte de la transformación. Están eligiendo el camino que Jesús modeló, el camino donde las relaciones importan más que las reglas, donde la conexión se valora por encima del control y donde la gracia supera al juicio. Están construyendo una nueva comunidad donde los adictos, sus seres queridos y los refugiados espirituales pueden respirar de nuevo.

Pero escuchen esto también: no podemos esperar a que se den las condiciones perfectas ni a que alguien más se adelante. Las heridas son demasiado profundas, hay demasiado en juego. La gente muere en silencio, creyendo que está fuera de su alcance. Nos necesitan ahora. Necesitan su valentía, su humanidad, su disposición a afrontar el desastre.

Así que aquí está la súplica: Deja que el amor te guíe, incluso cuando te cueste comodidad. Deja que la compasión supere tu miedo a equivocarte. Atrévete a derribar las barreras que impiden el paso a la gente. Atrévete a crear espacios donde se honren las cicatrices, donde las dudas sean bienvenidas y donde la gracia de Dios sea más grande de lo que nadie imagina. Elige a las personas por encima de los sistemas, siempre.

Líderes religiosos, adictos, familias y refugiados espirituales por igual: rechazar la religión dañina no significa rechazar a Dios. Significa eliminar lo tóxico para que algo verdadero pueda vivir. Dios no ha terminado contigo. La sabiduría de Dios te espera, en las historias que cuentas, en tu aliento, en los espacios tranquilos donde el amor susurra: "No estás solo".

Preguntas de reflexión para el capítulo 6

Al pensar en el bagaje religioso que quizás lleves, ¿qué recuerdos, mensajes o experiencias específicas te resultan más pesadas? ¿Cómo han moldeado tu imagen de Dios o de la comunidad?

¿Dónde, fuera de los espacios religiosos tradicionales (naturaleza, música, grupos de recuperación, conversaciones con amigos), has experimentado algo sagrado o vivificante? ¿Cómo te invitó ese momento a imaginar a Dios de otra manera?

¿Qué tradiciones, frases o hábitos "eclesiásticos" debería usted abandonar (ya sea a nivel personal o dentro de su comunidad) para poder llegar de manera más efectiva a los que sufren, a los quebrantados y a los marginados?

¿Qué prácticas espirituales (respiración, oración, meditación, lectura de textos sagrados, listas de gratitud, círculos de historias) te resultan más accesibles en este momento? ¿Cómo podría alguna de ellas ayudarte a reconectar con la esperanza o invitar a otros a sanar esta semana?

Capítulo 7
Escuchar como acto radical

El silencio que salva

Era tarde un jueves por la noche cuando Jason estaba sentado solo en su coche frente a una reunión de recuperación. Le temblaban las manos sobre el volante, con los nudillos blancos contra el cuero. Había ensayado mentalmente una docena de versiones de lo que diría si entraba. Cada una era una verdad a medias cuidadosamente elaborada, diseñada para parecer mejor, menos desesperado. Se imaginaba presentándose de una manera que suavizara los bordes de su dolor, mencionando el estrés laboral, la mala racha en su matrimonio, la mala suerte que lo había traído hasta allí. Cualquier cosa menos la cruda realidad: que la bebida había arruinado relaciones, le había costado trabajos y lo había dejado mirando al techo casi todas las noches, preguntándose si aún valía la pena intentarlo.

A Jason le habían enseñado toda la vida a guardar las apariencias. Al crecer en una pequeña comunidad religiosa, la debilidad no era algo que se mostrara. Sonreías, decías que estabas bien y guardabas tus problemas en secreto. Las explicaciones refinadas no eran solo cuestión de orgullo; eran una armadura. Lo protegían del juicio, de la compasión y de la aterradora posibilidad de que, si la gente realmente lo conocía, se alejara.

Mientras estaba sentado allí, ensayando sus diálogos, la vergüenza lo oprimía como un peso. La idea de admitir la verdad (que se estaba ahogando) le resultaba insoportable. Entonces, un hombre de la reunión lo vio y se acercó sigilosamente. No le pidió a Jason que le contara su historia ni le ofreció consejos. Se apoyó en el capó de su coche y le dijo en voz baja: "No tienes que hacer esto solo". Permanecieron allí en silencio, sin discursos ni exigencias. Por primera vez en meses, Jason se sintió visto sin necesidad de actuar.

Escuchar, e incluso a veces escuchar en silencio, puede sacar a una persona del abismo. En un mundo desbordante de ruido y opiniones, escuchar de verdad es una rebelión silenciosa. Dice: Tu historia importa. Tú importas. Y este tipo de escucha no solo es amable; es urgente. Sin ella, las personas quedan atrapadas en la desesperanza y la desesperación. Algunas están tan abrumadas por el silencio y la vergüenza que se quitan la vida. Nos solidarizamos con ellas cuando elegimos escuchar sin sermonear ni sermonear. Escuchar es el acto primordial, la puerta simple pero sagrada a la esperanza.

¿Por qué escuchar resulta tan difícil?

Escuchar parece simple, pero tiene un costo. Significa bajar el ritmo cuando todo en nuestra cultura grita "¡Date prisa!". Significa aguantar la incomodidad cuando todo nuestro ser quiere arreglar, explicar o seguir adelante. Para los seres queridos de las personas con adicciones, escuchar puede sentirse como una debilidad: "Si no digo nada, ¿pensarán que lo apruebo?". Para los refugiados espirituales, incluso intervenir en una conversación donde alguien afirma "saber qué es lo mejor" puede reabrir heridas.

Lo cierto es que escuchar amenaza nuestra ilusión de control. Los consejos nos hacen sentir útiles. Reparar nos da la sensación de que tenemos el control. Pero la presencia (el simple hecho de estar ahí) puede resultar aterradora porque nos obliga a afrontar nuestra impotencia a veces. Escuchar nos exige estar en medio del dolor de alguien sin buscar respuestas fáciles.

Jesús lo comprendió. Escuchó a quienes otros ignoraban. Se detuvo ante una mujer que tocó su manto, permitiéndole decir toda la verdad mientras todos lo instaron a seguir adelante. Se arrodilló en el polvo mientras una multitud enfurecida exigía juicio, esperando que la mujer acusada de adulterio encontrara su voz en lugar de silenciarla con la condenación. Comió con recaudadores de impuestos y pecadores, escuchando sus historias sin avergonzarlos ni obligarlos a callar. Dejó que los ciegos lo llamaran por encima del ruido de la multitud, preguntando: "¿Qué quieren que haga por ustedes?", como si sus voces y deseos importaran más que las expectativas de la élite religiosa.

Este es el poder de escuchar: restaura la dignidad. Les dice a quienes han sido avergonzados, rechazados o ignorados que son vistos y valorados. La escucha de Jesús no fue pasiva; fue un acto radical que sanó corazones antes de que ningún milagro tocara sus cuerpos. Y todavía sana hoy cuando elegimos escuchar así.

Escuchar como amor en acción

Escuchar no es pasivo. Es un acto de amor. La sabiduría de la recuperación dice: "Somos escuchados para sanar". Escuchar de verdad, es decir: "No tienes que editarte para mí. No tienes que disfrazar tu dolor para hacerlo más llevadero".

Para los adictos y refugiados espirituales, quienes a menudo han sido sermoneados, juzgados o rechazados, escuchar es prueba de que su humanidad está intacta. Es una declaración: "Tu valor no está ligado a tu desempeño. Te daré espacio tal como eres".

Pero esto aplica igualmente a los seres queridos de las personas con adicciones. Cargan con sus propias heridas silenciosas, años de noches sin dormir, cuestionando cada decisión y preparándose para la próxima crisis. Con demasiada frecuencia, las familias se sienten invisibles. Se les dice que "simplemente se desprendan" o "sean fuertes" sin que nadie se detenga a escuchar su dolor. Escucharlos es un acto de compasión que dice: Tu dolor también importa. Tu miedo, tu ira, tu agotamiento son reales, y merecen un lugar seguro donde descansar.

Cuando las familias y los amigos tienen espacio para decir su verdad sin ser juzgados, la vergüenza también pierde parte de su control sobre ellos. Les permite respirar, lamentar y comenzar a sanar sus propios corazones, no solo por el bien de la persona adicta que aman, sino por sí mismos. Escuchar restaura la dignidad en ambos lados de los escombros de la adicción.

Escuchar sin agenda

Muchos de nosotros somos culpables de escuchar con una agenda. Esperamos la pausa en la historia de alguien para insertar un consejo, un versículo bíblico o un "¿Has intentado...?". Pero la escucha radical no manipula ni dirige. No juzga ni intenta corregir sutilmente. Invita a la otra persona a abrirse sin temor a la corrección.

Escuchar atentamente puede ayudar: repetir lo que oyes ("Parece que te sientes agotado y asustado") o validar su experiencia ("Eso suena terrible; entiendo por qué estás abrumado"). Estas frases sencillas son un salvavidas para quienes han sido ignorados o humillados.

Presencia sobre la perfección

No se necesitan palabras perfectas para marcar la diferencia. "Estoy aquí" suele ser suficiente. La presencia comunica lo que el consejo nunca puede: que el dolor de la persona no es demasiado pesado ni su historia demasiado confusa para ser escuchada.

Pero el perfeccionismo puede ser un obstáculo. Con demasiada frecuencia, nos abstenemos de presentarnos por miedo a decir algo incorrecto o a no saber la oración o el consejo "correcto". Retrasamos la comunicación, esperando hasta estar completamente preparados. Sin embargo, esa demora puede hacer que alguien se sienta aún más abandonado. Nuestra obsesión por hacerlo "bien" puede causar mucho daño.

La verdad es que, de todos modos, Dios nunca necesitó nuestra perfección. A lo largo de los evangelios,

Jesús nunca exigió palabras ni comportamientos perfectos antes de ofrecer amor. Simplemente se presentó ante las personas donde estuvieran, junto a un pozo, al borde del camino, en la casa de un recaudador de impuestos y en todas partes. De la misma manera, los adictos, sus seres queridos y los refugiados espirituales no necesitan que seas perfecto. Necesitan tu presencia. Necesitan saber que, incluso en tu torpeza, tu incertidumbre y tu voz temblorosa, estarás con ellos. Presentarse imperfectamente sigue siendo presentarse. El perfeccionismo construye muros. La presencia los derriba.

Cuando se necesitan palabras

Escuchar no significa guardar silencio para siempre. A veces, una vez construida la confianza, unas palabras amables pueden traer esperanza. Pero el momento oportuno importa. Hablar demasiado pronto puede aislar a una persona o hacerla sentir juzgada. El primer paso es escuchar lo suficiente para que la otra persona se sienta vista, no evaluada.

Cuando llegue el momento, tus palabras no tienen que ser profundas. No tienen que arreglar la situación ni ofrecer una solución irrefutable. A menudo, las palabras más sanadoras son simples y honestas: "No tengo todas las respuestas, pero estoy contigo". O: "Esto suena insoportable, y veo tu fuerza al estar presente hoy". Estas frases le recuerdan a la otra persona que no está sola y que su historia no es demasiado grande para que el amor la abarque.

A veces, cuando alguien está en una espiral, un recordatorio silencioso de esperanza, expresado sin presión, puede ayudarle a tomar un nuevo aliento. Pero que tus palabras sean lentas, suaves y ofrecidas con humildad. Habla solo después de haberte ganado el derecho a ser escuchado. La presencia primero. Las palabras después. De esta manera, tu voz se convierte en un puente, no en una barrera.

Barreras a la escucha radical

Existen varias barreras que pueden impedirnos escuchar verdaderamente:

Orgullo: Creer que ya sabes lo que es mejor.

Miedo: Preocupación por escuchar algo doloroso o verse arrastrado al caos.

Distracción: Dejar que el ajetreo y el ruido desplacen la presencia.

Romper estas barreras requiere humildad y valentía. Significa reconocer que escuchar no se trata de control, sino de conexión.

La dimensión espiritual de la escucha

Escuchar refleja la manera en que Dios nos encuentra, no con condenación, sino con presencia. A lo largo de las Escrituras, Dios escucha: el clamor de los oprimidos, la oración silenciosa de Ana, el llanto de Jesús en un jardín. Para los refugiados espirituales, es vital recordar que Dios no es la voz de los sermones vergonzosos. Dios es la Presencia silenciosa que escucha tu gemido incluso cuando no puedes articular palabras.

Escuchar también puede ser una disciplina espiritual para quien escucha. Cuando te sientas a escuchar el dolor de otra persona sin pestañear, empiezas a ver la imagen de Dios en ella... y en ti mismo. Aprendes a confiar en que la gracia puede sostener historias demasiado pesadas para que las cargues solo.

Un llamado a la comunidad

Las comunidades de sanación se construyen sobre la escucha profunda. Pero seamos sinceros, no es tarea fácil. Crear una cultura de escucha requiere tiempo, humildad y la disposición a sentirse incómodo. Es mucho más sencillo quedarse con conversaciones superficiales o refugiarse en grupos de personas que piensan, hablan y viven como nosotros. Pero si realmente queremos crear espacios donde las personas con adicciones, sus seres queridos y los refugiados espirituales puedan respirar de nuevo, debemos comprometernos con la ardua y sagrada labor de escuchar.

En tu comunidad, crea momentos intencionales donde las historias se puedan compartir y escuchar de verdad. Practica usar frases como "Cuéntame más" o "Eso suena muy fuerte; gracias por confiar en nosotros". Explícalo: el objetivo no es arreglar, rescatar ni debatir, sino dar testimonio. Establece reglas básicas sencillas: confidencialidad, no interrumpir, no dar consejos no solicitados y no juzgar. Estos límites permiten que quienes han sido silenciados o humillados en otros lugares hablen con sinceridad.

En FREE Recovery Community, nuestros servicios son los sábados por la noche. Después de mi sermón, siempre invitamos a un narrador para que comparta su experiencia, fortaleza y esperanza sobre el tema de la noche. En ese espacio, hablan libremente, sin temor a ser juzgados ni condenados. Su historia no está editada ni depurada. Comparten esperanza, y nosotros, como comunidad, podemos escuchar. Es un ejemplo vivo y práctico de escucha radical, y la responsabilidad recae en todos nosotros, no solo en un individuo. El poder reside en la disposición colectiva de escuchar, de compartir y de honrar la verdad de cada uno.

Equipa a tu comunidad con herramientas para escuchar. Enseña técnicas de escucha reflexiva: repite o parafrasea lo que alguien dijo para que se sienta comprendido. Fomenta la escucha activa. Apaga los teléfonos, haz contacto visual y resiste la tentación de improvisar una respuesta mientras alguien sigue hablando. Practica el silencio. A veces, el regalo más poderoso es sentarse en silencio, dejando que el peso de la historia de alguien se asiente en la sala sin apresurarse a llenarla.

Reconoce que este trabajo a veces es agotador. Escuchar historias difíciles puede avivar tu propio dolor, despertar tus miedos o hacerte sentir impotente. Es normal. Escuchar no se trata de tener una fuerza infinita; se trata de mostrarte con la fuerza que tienes y confiar en que la gracia llena los vacíos. Cuídate como cuidas a los demás: comparte tus experiencias con amigos o mentores de confianza, da un paso atrás cuando sea necesario y conéctate con tus propias prácticas de oración, meditación o reflexión.

La escucha radical rompe los ciclos de vergüenza. Conecta a personas que creían no tener nada en común. Les recuerda a quienes se ahogan en la desesperación que no son invisibles.

Para quien lee esto y se siente abrumado por la tarea: tu esfuerzo importa. Aunque no estés seguro de estar haciéndolo bien, tu disposición a escuchar puede cambiar la vida de alguien. El adicto al límite, el ser querido que pende de un hilo, el refugiado espiritual que se pregunta si alguna comunidad religiosa volverá a estar a salvo, necesitan comunidades que los apoyen. Comunidades donde el silencio se rompe con oídos compasivos. Comunidades que priorizan la presencia sobre la perfección.

Este trabajo no es fácil. Pondrá a prueba tu paciencia, tu corazón y tu ego. Pero es un trabajo necesario. Es la obra de la gracia. Y cada vez que te acercas a escuchar una historia, creas un espacio sagrado donde la esperanza puede resurgir.

Preguntas de reflexión para el capítulo 7
¿Cuándo fue la última vez que alguien te escuchó de verdad sin interrumpirte, corregirte ni juzgarte? ¿Cómo te afectó?

¿Qué miedos o hábitos te impiden escuchar profundamente a los demás, especialmente a aquellos que sufren?

Piensa en un ser querido o miembro de la comunidad afectado por una adicción. ¿Cómo podría la escucha radical cambiar tu relación con él?

¿Cómo podrían usted o su comunidad crear intencionalmente espacios seguros donde las personas puedan contar sus historias sin miedo a la vergüenza o la exclusión?

Capítulo 8
Ayudar a los náufragos sin jugar a ser el salvador

El punto de ruptura
Una confrontación entre hermanos

Los gritos empezaron antes de que Eli cerrara la puerta. La voz de Mark se quebró bajo el peso de la ira y el cansancio: "Me mentiste otra vez, Eli. Te pagué el alquiler otra vez y dijiste que estabas limpio". Apretó los puños a los costados, no en señal de amenaza, sino en un intento desesperado por no desmoronarse. Eli se quedó allí, con los hombros hundidos, y el olor a licor rancio se colaba tras él.

"Esto no es lo que piensas", murmuró Eli, con la mirada fija en el suelo. Pero Mark no se lo tragaba. Estaba harto de las historias, de las medias verdades. Harto de ver a su hermano desmoronarse mientras su familia vaciaba sus ahorros y empeñaba recuerdos solo para salvarlo. Harto de las discusiones en voz baja con sus padres sobre si debían cortar el contacto con Eli. Las facturas se acumulaban. La confianza estaba hecha añicos. Y lo peor de todo, la fe que una vez había cimentado a su familia ahora se sentía como una víctima más.

—¿Te das cuenta de lo que nos estás haciendo? —La voz de Mark se alzó, luego se quebró en algo más suave, mitad rabia, mitad angustia—. Papá está haciendo

77

turnos extra. Mamá apenas habla. ¿Y yo? Estoy aquí de pie, preguntándome si debería odiarte o abrazarte. El silencio que siguió fue sofocante. Eli finalmente levantó la vista; su propia ira se apagó antes de disolverse en algo mucho más doloroso: vergüenza.

En ese momento, no había palabras perfectas. No había soluciones claras. Solo dos hermanos atrapados en las ruinas de la adicción, uno ahogándose en ella, el otro jadeando cerca.

Nombrando los restos que las familias llevan

Las familias que viven con la adicción atraviesan campos minados invisibles. Cada día se siente como prepararse para la próxima explosión. La tensión financiera se convierte en una constante, se incumplen las hipotecas, se esfuman las cuentas de ahorro y se cancelan las vacaciones discretamente. La confianza rota flota en el aire como humo que no se disipa. La ira contra Dios se ahoga junto con la ira mutua, y la vergüenza ensombrece cada reunión familiar. No es solo el adicto quien se siente avergonzado, es toda la familia. La vergüenza susurra que debiste haber hecho algo mal, que la gente te está observando, que estás solo en esto.

Para el hermano, hermana, padre o cónyuge que lee esto: tu agotamiento es real. Tu dolor es válido. Has estado viviendo en una tormenta que no cesa y estás cansado de fingir que todo está bien. No eres débil por sentirte roto, eres humano.

Por qué la comunicación a menudo falla

Cuando el miedo y el agotamiento se apoderan de nosotros, la comunicación puede convertirse en otra víctima. A veces hablamos desde el pánico: las palabras salen afiladas, mordaces o desesperadas. Otras veces, nos refugiamos en el silencio, pensando que es más seguro no decir nada. La ira se convierte en un escudo. Los ultimátums se convierten en armas. Se evitan las conversaciones porque todos tienen demasiado miedo de iniciar otra pelea.

En las familias, estos patrones son comunes:

Conversaciones que comienzan con amor, pero terminan en acusaciones.

Mensajes de texto nocturnos llenos de culpa y arrepentimiento.

El tratamiento silencioso, que parece más seguro que arriesgarse a sufrir más daño.

Charla trivial a medias, porque hablar del verdadero dolor parece imposible.

Si te identificas con estos patrones, no estás solo. Nadie se comunica a la perfección cuando la cuestión es de vida o muerte. La buena noticia: hay otra manera.

Decir la verdad sin vergüenza ni culpa

Decirle la verdad a alguien que amas es difícil, sobre todo cuando la adicción ha destruido la confianza. Pero avergonzar o culpar rara vez sana. La vergüenza acorrala a las personas. Las aísla aún más, y el aislamiento alimenta la adicción. Culpar puede parecer justificado, pero construye muros en lugar de puentes.

El juego de culpar es un ciclo interminable que puede atrapar a todos los involucrados. Cuando la culpa empieza a volar, no solo duele, sino que se convierte en una espiral. Convierte cada conversación en un campo de batalla donde nadie gana. La culpa puede hacer que quien la usa se sienta perseguido, por lo que se repliega o arremete. Puede hacer que los familiares se sientan justificados por un momento, pero más vacíos después. Es una espiral peligrosa porque mantiene a todos encerrados en sus roles: el acusador y el acusado, el salvador y el villano.

Peor aún, la culpa nos invita a asumir el papel de víctimas. Nos insinúa que todo el poder y la responsabilidad residen en otra persona, que, si la otra persona cambiara, todo se arreglaría. Pero permanecer en el papel de víctima nunca lleva a nadie a ninguna parte. No sana las heridas ni reconstruye la confianza. Mantiene a todos estancados.

La comunicación honesta comienza con la humildad y la compasión. Usa frases en primera persona para hablar con el corazón en lugar de acusar:

"Tengo miedo por ti" en lugar de "Nos estás destruyendo".

"Me siento herido cuando mientes" en lugar de "Eres un mentiroso".

Evita los ataques personales. Céntrate en el comportamiento y su impacto. Fundamenta tus palabras en el amor, no en el control. Recuerda: tu objetivo es conectar, no ganar una discusión.

Y recuerda, decir la verdad no significa excusar un comportamiento destructivo. Puedes mencionar el daño sin condenar a la persona. Puedes decir: "Esto no está bien", sin dejar de decir: "Te amo".

Límites que sostienen el amor

Los límites no son traiciones, son salvavidas. Son las vallas que mantienen el amor a salvo. En familias destrozadas por la adicción, los límites pueden resultar crueles. La culpa nos dice que poner un límite es abandonar. Pero la verdad es que los límites son lo opuesto a rendirse; son lo que nos permite permanecer.

Los límites pueden sonar así:

"No puedo darte dinero, pero te llevaré a cenar".

"No puedo dejar que te quedes aquí si estás drogado, pero te recogeré mañana por la mañana".

"Te amo, pero no mentiré más por ti".

Estas palabras no salen con facilidad. Puede que te tiemble la voz. Puede que se te rompa el corazón. Es normal. Poner límites es difícil porque el amor es profundo. Pero los límites evitan que las relaciones se derrumben por completo bajo el peso del caos. Son actos de valentía y compasión, que dan cabida al amor y se niegan a permitir el daño.

Escuchar incluso cuando duele

Escuchar a un ser querido atrapado en una adicción puede resultar insoportable. Podrías percibir negación, ira o culpabilidad dirigidas contra ti. Podrías sentir cada palabra como una herida abierta. Pero escuchar no significa estar de acuerdo ni aprobar.

Escuchar es dar testimonio. Es decir: "Veo tu dolor, incluso cuando es confuso".

Mantenerse conectado a tierra puede ayudar:

Respira profundamente antes de responder.

Si es necesario, aléjate un momento para recomponerte.

Después, apóyate en tu propio apoyo, en amigos, mentores o miembros confiables de tu comunidad que puedan contener tus sentimientos sin juzgarte.

Escuchar incluso cuando duele no se trata de dejar que alguien te pisotee, se trata de crear un espacio donde la vergüenza pierda su control.

La dimensión espiritual de hablar a través de los escombros

Cuando las familias se ven destrozadas por la adicción, es común la ira contra Dios. Quizás hayas rezado mil oraciones y aun así hayas visto cómo se desmoronaba todo. Quizás te hayas sentido abandonado o traicionado por la fe en la que una vez confiaste. Los refugiados espirituales a menudo cargan con las cicatrices de iglesias que respondieron con clichés o condenación en lugar de compasión.

Pero Dios no es la voz de la vergüenza ni el autor del abandono. Dios está presente en medio de la destrucción, tranquilo, paciente y lo suficientemente fuerte como para contener tu ira. Jesús mismo se sentó con los afligidos, los incrédulos y los marginados sin exigir una fe refinada. Cuando dices la verdad o te sientas en silencio con tu ser querido, reflejas esa presencia divina. No necesitas defender a Dios ni a la iglesia. No estás llamado a sanar el alma de nadie. Estás llamado a amar, incluso en medio del caos.

Hablar a través de los escombros es un acto espiritual porque dice: "No dejaré que la vergüenza ni la desesperación tengan la última palabra". Crea un pequeño santuario justo donde estás.

Herramientas prácticas para conversaciones difíciles

Las conversaciones difíciles rara vez son agradables, pero puedes prepararte:

Primero prepara tu corazón. Tómate un tiempo para respirar, orar, meditar o escribir en tu diario antes de acercarte a un ser querido. Céntrate para que el miedo y la ira no dominen la conversación.

Elige bien el momento. Evita iniciar conversaciones profundas en medio de una crisis o una pelea. Espera a que las emociones se hayan calmado lo suficiente para dialogar de verdad.

Usa frases que te ayuden a establecer un equilibrio. Un lenguaje sencillo y claro funciona mejor:

"Te amo demasiado como para quedarme en silencio".

"Estoy aquí, pero no puedo rescatarte".

"Confío en que darás el siguiente paso".

Ten apoyo listo. Después de la conversación, comparte la situación con un amigo o mentor de confianza. Deja que alguien te ayude a expresar tus emociones. No estás destinado a afrontar esto solo.

Una palabra para quien se aferra a un hilo

Si lees esto y sientes que estás al límite, si las facturas están vencidas, si la confianza está destrozada, si estás enojado con Dios y con los demás, escucha esto: tu dolor es real y tu amor aún importa. No eres débil por estar cansado. Estás cansado porque has estado luchando una batalla más grande que tú.

Para quien camina de un lado a otro a las 3 de la mañana, repasando cada conversación, preguntándose si se perdió alguna frase mágica que podría haberlos salvado... no fue así. Para quien esconde las botellas vacías, encubre las mentiras o guarda secretos para proteger la imagen familiar; no estás solo ni eres invisible. Para quien ha rezado hasta las rodillas, gritado contra una almohada o susurrado al techo: "Dios, ¿dónde estás?", tus llantos han sido escuchados.

Llevas un peso que nadie debería llevar solo. La adicción es una ladrona, y también te ha estado robando a ti. Te ha robado el sueño, la confianza, la risa y quizás incluso la fe. Ha intentado convencerte de que eres impotente y estás abandonado. Pero escucha esto con claridad: no eres impotente ni estás abandonado.

Está bien desmoronarse. Está bien gritar, llorar y cuestionarlo todo. Pero no creas la mentira de que te quedaste sin opciones. Incluso aquí, entre los escombros, la esperanza sigue viva. Puede que no parezca pulida ni bonita, pero respira. Es el amigo que te escribe justo cuando estás a punto de rendirte. Es la comunidad que te sostendrá incluso cuando no puedas contenerte a ti mismo. Es el susurro de la gracia que te recuerda que este no es el final de la historia.

Y recuerda esto: Dios se identifica con tu sufrimiento. En el Evangelio de Lucas, Jesús cuenta la historia de un padre que debió estar al borde del camino todos los días, oteando el horizonte en busca de su hijo perdido. Ese padre sabía lo que era esperar con el corazón roto, sentir el dolor de la ausencia, amar sin garantías. Dios es ese Padre. Dios sabe lo que es esperar, tener esperanza, llorar y amar sin descanso. Cuando te sientas invisible y abandonado, recuerda: el Dios que espera en el camino comprende tus lágrimas y tu anhelo. Dios no está lejos de tu dolor... Dios está a tu lado en él.

No tienes la obligación de salvar a tu ser querido. No puedes arreglarlo amándolo más ni sacrificándote más. Esa carga te aplastará. Lo que sí puedes hacer es mantenerte atado al amor, a la verdad y a quienes te darán la mano cuando estés demasiado cansado para levantarte. Da el siguiente pequeño paso: llama a un amigo, asiste a una reunión, reza una oración sencilla o simplemente respira. No estás solo y no tienes que librar esta batalla solo.

Visión de cierre
Una comunidad donde nadie está solo
Imagine una comunidad donde las conversaciones sobre la adicción no se susurren, sino que sean bienvenidas. Donde los familiares puedan llorar, gritar o confesar sin temor a ser condenados. Donde el adicto no se vea obligado a tomar sus peores decisiones ni la familia se sienta culpable. Donde las personas crean en un Dios más grande que su dolor, uno que no avergüenza, sino que sana.

Esto es lo que construimos juntos. No la perfección. No son soluciones fáciles. Son espacios sagrados y desordenados donde el amor habla más fuerte que la vergüenza y escuchar conlleva el peso de la gracia. Hablar con seres queridos destrozados no es una estrategia, es un acto de solidaridad. Es decir: "Incluso aquí, entre los escombros, encontraremos maneras de hablar de vida".

En FREE Recovery Community, nos reunimos todos: adictos, seres queridos de adictos y refugiados espirituales, porque estamos todos juntos en esto. Escuchamos, lloramos, celebramos y nos recordamos la esperanza. Nuestra misión es romper el silencio de la adicción y, al mismo tiempo, crear un espacio para la sanación, la recuperación y la conexión espiritual. Esta misión es fundamental en un mundo donde tantas personas se sienten solas, convencidas de que luchan contra sus demonios en aislamiento. En FREE, nos recordamos que nunca tenemos que hacerlo solos. Podemos romper el silencio juntos y no nos avergonzamos. Este tipo de comunidad no surge por sí sola, se construye con intención, ladrillo a ladrillo, historia a historia y acto de gracia a acto de gracia. Es el trabajo duro y sagrado de crear un lugar donde nadie tenga que afrontar los escombros solo.

Preguntas de reflexión para el capítulo 8

¿Cuándo tus palabras, pronunciadas con miedo o ira, han causado daño involuntario en una conversación difícil? ¿Cómo podrías abordar esa conversación de manera diferente hoy?

¿Qué límites te parecen necesarios y aterradores a la vez al mantenerlos con alguien a quien amas?

¿Cómo podría pasar de la culpa a decir la verdad con compasión crear espacio para la curación en una de sus relaciones?

¿Quién en tu comunidad podría brindarte un espacio después de una conversación difícil? ¿Cómo podrías invitarlo?

Capítulo 9
El lenguaje de la esperanza sin tonterías

Mi historia
Esperanza en las ruinas

Era lunes 7 de enero de 2013 por la mañana. Estaba desmayado en el sofá otra vez. Me dolía la cabeza, tenía la boca seca y oía a mi esposa, Tami, preparándose para ir a trabajar arriba. Me levanté del sofá de golpe, intentando aparentar que tenía mi vida resuelta, aunque estaba destrozado y con resaca. Al subir las escaleras, la vi arriba, inmóvil, sosteniendo otra botella de vodka vacía que había escondido. Tenía botellas guardadas por toda la casa, creyéndome listo.

Las lágrimas de Tami corrían por su rostro mientras me miraba y decía: "Ryan, ¿qué vamos a hacer?". Y por alguna razón, en ese preciso instante, la escuché. De verdad que la escuché. Fue como si se hubiera acabado el juego. Entendí el "nosotros" en su pregunta y supe que no estaba sola. Esa mañana fue el punto de quiebre y el principio. Fue el día en que me sumergí en un programa de recuperación de 12 pasos. No he vuelto a beber desde entonces.

Tami y yo no nos recuperamos por arte de magia ese día. Permanecimos juntas, pero requirió honestidad brutal, terapia, lágrimas nocturnas y mucha gracia. Cada una tuvo que sanar, por separado y una al lado de la otra. Y hoy, lo que tenemos es un matrimonio y una familia que no es perfecta, pero es hermosa y real. De los

89

escombros surgió la redención. Ahora podemos recorrer este camino de recuperación juntas, hombro con hombro con otras personas que comprenden esta lucha. Es un milagro que nunca damos por sentado, y es prueba de que incluso en las ruinas, la esperanza puede resurgir.

Ese momento no fue glamuroso ni cinematográfico. No hubo un toque musical perfecto, ni una solución rápida, ni un rayo de certeza. Fue crudo. Fue horrible. Y fue real. Es la prueba de que la esperanza no viene en un envoltorio brillante. A veces la esperanza llega con la ropa de ayer, apestando a vodka, mirándote desde lo alto de las escaleras con lágrimas en los ojos.

Por qué fracasa la positividad barata

A la gente le encanta ofrecer soluciones rápidas porque hace que el caos parezca controlable. "Todo sucede por una razón". "Dios no te da más de lo que puedes soportar". "Solo piensa en positivo". Quizás hayas escuchado esas frases. Quizás las hayas dicho. Pero seamos honestos: cuando tu mundo se está derrumbando, esas palabras pueden doler. No sanan. Desestiman. Hacen que la persona que sufre se sienta invisible.

La positividad barata no es esperanza, es negación en un bonito envoltorio. Es una forma de evitar entrar en el dolor. Y para quienes han sido heridos por clichés religiosos, esas palabras no solo caen en saco roto, sino que reabren heridas. Los refugiados espirituales, en particular, escuchan esos clichés y piensan: "Por esto me fui". Necesitan honestidad, no eslóganes. Necesitan a alguien dispuesto a sentarse en las cenizas con ellos, no a alguien que intente esconderlas bajo la alfombra.

Nunca olvidaré estar sentado a la mesa de la cocina de mi padrino durante los primeros 30 días de mi sobriedad. Era jueves por la noche, y estaba frágil, enojado y desesperado por creer que aún tenía algún tipo de credibilidad espiritual. Me miró fijamente a los ojos y dijo: "Ryan, puede que esto sea difícil de escuchar, pero estás espiritualmente desconectado". Las palabras me golpearon como un puñetazo en el estómago. Lo odié por decirlo. Yo era pastor, por Dios. Tenía un título en estudios bíblicos y una maestría en Divinidad. Si estaba espiritualmente desconectado, ¿qué me quedaba? En ese momento, sentí que no era nada, y sin embargo, ese "nada" fue exactamente donde Dios comenzó a reconstruirme. A veces, las palabras que parecen una sentencia de muerte son en realidad una invitación a una nueva vida.

La esperanza sin mentiras mira el dolor a la cara y se niega a apartar la mirada. No se apresura a arreglarlo ni a encubrirlo. Dice: "Esto es horrible, pero no es todo".

Esperanza honesta: mantener unidos el dolor y la posibilidad

La esperanza sincera no niega la realidad. No endulza la recaída ni minimiza la confianza rota. No pretende que tu ser querido sanará mágicamente para el próximo martes. La esperanza sincera mantiene ambas verdades en tensión: el desastre es real, y también lo es la posibilidad de redención.

Este tipo de esperanza es intensa. Es la clase de esperanza que sigue apareciendo incluso cuando tiene miedo. Es vívida, no brillante. La sabiduría de la recuperación habla de esto: "Un día a la vez". "Progreso, no perfección". Esas frases no son eslóganes baratos, son gritos de guerra para quienes luchan por volver a la vida. Nos recuerdan que el futuro no tiene por qué resolverse de golpe, y que la sanación es posible incluso cuando no es rápida ni limpia.

A quienes han sido engañados por falsas promesas o manipulación religiosa, escuchen esto: La esperanza no pertenece a quienes lo tienen todo resuelto. La esperanza es para los escépticos, los exhaustos, los enojados, los que ni siquiera pueden orar ahora mismo. La esperanza es para ti también.

Nombrando pequeños milagros

Los grandes y dramáticos cambios de rumbo llegan a los titulares. Pero en la vida real, la recuperación y la sanación suelen llegar en pequeños momentos, casi invisibles. La llamada devuelta que no esperabas. El día en que tu ser querido prefiere la honestidad a esconderse. La primera risa sincera que escuchas de él en meses. El pequeño milagro de despertar y darte cuenta de que pasaste un día sin adormecer el dolor.

Observar pequeños milagros no se trata de fingir que todo está bien. Se trata de elegir ver la vida atisbando entre las grietas. Al identificar estos momentos, empiezas a desarrollar resiliencia. Te recuerdas a ti mismo que la desesperación no tiene la última palabra.

Y no es solo para ti. Nombrar pequeños milagros en voz alta es un regalo para la comunidad. A veces, la persona sentada a tu lado no ve ninguna luz para sí misma, pero cuando hablas y dices: "Mi hija me envió un mensaje hoy, solo para decirme que estaba bien" o "He superado este día sin tener que beber", estás sosteniendo una linterna en la oscuridad para otra persona. Estás diciendo: "Mira, la esperanza está aquí, aunque sea pequeña".

Los pequeños milagros se parecen a un hijo que llega tarde, pero sobrio, a la cena de Acción de Gracias por primera vez en años. Se parecen a un padrino que contesta el teléfono en una noche de insomnio. Se parecen al adicto que admite un desliz en lugar de ocultarlo. Se parecen a la oración de una madre susurrada por el cansancio, o a un padre que decide no gritar esta vez, sino escuchar. Son una sonrisa al otro lado de la sala en la Comunidad de Recuperación GRATUITA, el abrazo de un desconocido que no pide nada a cambio, o un límite finalmente establecido tras años de caos.

Estos momentos son sagrados no por ser ostentosos, sino por ser reales. Son prueba de que Dios obra en lugares que a menudo pasamos por alto. Nos inculcan valor y nos recuerdan que cada paso adelante, por pequeño que sea, es evidencia de la vida que lucha contra la desesperación.

Y aquí está la cuestión: tenemos que dejar de buscar a Dios solo en los grandes momentos cinematográficos. Los relámpagos. Las conversiones masivas. Los testimonios perfectamente atados. Si esperamos por ellos, nos perderemos donde Dios ya se está moviendo. Recuerda la historia en 1 Reyes 19 donde Elías estaba de pie en la montaña, esperando a Dios en las rocas que se rompían, el viento rugiente, el terremoto y el fuego, pero Dios no estaba en ninguno de ellos. Luego vino un suave susurro, y ahí es donde estaba Dios. A veces simplemente lo perdemos. Dios está en las conversaciones tranquilas en la mesa de la cocina. Dios está en el viaje que le ofreciste a un amigo cuando no tuviste tiempo. Dios está en la risa cansada pero valiente después de un día duro. Lo ordinario no es ordinario en absoluto. Es tierra santa. La recuperación nos enseña que lo sagrado no siempre es ruidoso. A veces es sutil y fácil de pasar por alto, escondido en la crudeza del día a día de presentarse.

Deja de esperar los fuegos artificiales. Busca el destello. Presta atención a las pequeñas y persistentes señales de vida que te rodean. Ahí es donde está Dios. Ahí es donde la esperanza comienza a respirar de nuevo.

Dando esperanza a los adictos y a sus seres queridos

La esperanza no es un discurso de ventas. No es fingir que todo está bien. Es decir, palabras verdaderas y vivificantes. Cuando transmites esperanza, no prometes una solución rápida ni una recuperación sin dolor; le recuerdas a alguien que no está solo ni insalvable.

Pruebe palabras como:

"Creo que puedes afrontar el día de hoy, incluso si el mañana parece imposible".

"No estás más allá de la curación, sin importar cómo se vean los restos".

"Esto es difícil y estoy aquí contigo".

"Eres más que lo peor que has hecho".

Para el ser querido de una persona con adicción: hablarte con esperanza también importa. Decir: "No puedo controlar esto, pero puedo elegir amar sin permitirlo" es un acto de esperanza. Decir: "Importo, incluso cuando me siento invisible" es un acto de esperanza. Tu voz merece ser escuchada, tanto por los demás como por ti mismo.

Si antes te han quemado las falsas esperanzas, tu sospecha de esperanza es válida. Quizás te han prometido que esta vez será diferente, que la recaída será la última, que una oración rápida o una nueva rehabilitación lo arreglarán todo. Quizás te has susurrado a ti mismo: "No puedo volver a hacer esto", porque el precio de la esperanza parece demasiado alto. Para el adicto que está cansado de decepcionar a todos, y para la madre, el hermano, la pareja o el amigo que ha visto promesas romperse una y otra vez; no eres tonto por sentirte a la defensiva. Esa cautela es una cicatriz, y las cicatrices dicen la verdad sobre dónde has estado.

Pero la verdadera esperanza es diferente. La verdadera esperanza no niega los escombros ni finge que el dolor nunca ocurrió. No ofrece fórmulas mágicas ni garantías perfectas. La verdadera esperanza respira en los lugares oscuros. Te acompaña en medio del caos y dice: "Incluso aquí, incluso ahora, la historia no ha terminado". La esperanza es cruda y sin pulir. Llega a través de actos silenciosos de amor: un padrino que responde al teléfono en medio de la noche, un amigo sentado a tu lado en el tribunal, un pequeño grupo de personas que eligen presentarse semana tras semana sin ser juzgados. La esperanza está viva, no porque todo esté arreglado, sino porque incluso en las ruinas, la conexión es más fuerte que la desesperación.

La dimensión espiritual de la esperanza

La esperanza es profundamente espiritual, pero no de la forma desinfectada y centrada en el rendimiento que a muchos nos enseñaron. No se trata de fingir que estás bien ni de tener una fe perfecta. Se trata de atreverse a creer que, incluso en la noche más oscura, la luz aún es posible.

Las Escrituras nos dicen una y otra vez que Dios se manifiesta en medio del caos: en desiertos, en cárceles, en mares tempestuosos, junto a las tumbas. Jesús no ofreció esperanza desde una distancia segura; se adentró en el caos, se sentó con los marginados y lloró con los afligidos. La esperanza no consiste en ganarse la atención de Dios, sino en descubrir que Dios ha estado contigo en medio de la ruina todo el tiempo.

Para los refugiados espirituales, esto es importante. Quizás les hayan dicho que la duda los descalifica o que la ira contra Dios los hace indignos. Pero sus preguntas, su ira, su agotamiento no son barreras para la presencia de Dios. Son precisamente los lugares donde la esperanza puede abrirse paso. Dios no se siente amenazado por su ira, sus dudas ni sus preguntas difíciles. Dios puede manejarlas. La religión puede verse amenazada por su honestidad, pero Dios no.

Construyendo una cultura de esperanza

La esperanza no sobrevive sola. Necesita un espacio donde respirar, un espacio donde expresarse abiertamente. En FREE Recovery Community, creemos en reunirnos porque el aislamiento mata la esperanza, pero la conexión la reaviva. Nos recordamos mutuamente la importancia de celebrar un día más sobrio, un límite más superado, una persona más que entra por la puerta.

También nos unimos en tiempos de muerte y oscuridad. Nuestra comunidad conoce todo tipo de muerte: sobredosis, alcoholismo, la rendición. Hemos estado junto a ataúdes y camas de hospital, y nos hemos sentado en salas de estar donde la desesperación impregnaba el aire. Incluso en esos momentos, sobre todo en esos momentos, nos recordamos mutuamente que estamos juntos en esto. No estás solo. Nos abrazamos cuando el mundo se siente demasiado pesado para soportarlo, y de alguna manera, en ese dolor compartido, la esperanza vuelve a la vida.

Nos recordamos mutuamente que somos solo un puñado de pequeños milagros que vagan por ahí, dándonos esperanza, negándonos a que la desesperación tenga la última palabra. Creemos que Dios está en todo este trabajo desordenado, imperfecto y hermoso, aquí mismo entre nosotros, no muy lejos, esperando que lo resolvamos.

Para quien ha sido escéptico de la comunidad, de la esperanza, de la obra de Dios en el mundo, no está solo en su duda. No tiene que venir pulido ni seguro. En FREE, somos prueba de que incluso los escépticos pueden sorprenderse con la gracia. Dios se manifiesta en las risas compartidas, las lágrimas compartidas y los pequeños momentos de santidad cuando alguien dice: "Yo también", y te das cuenta de que no estás luchando solo.

Visión de cierre
La esperanza como acto desafiante

La esperanza no es un optimismo ingenuo. Es la decisión de plantarse entre los escombros y decir: "Este no es el final". Es negarse a que la vergüenza defina la historia ni que la desesperación dicte el futuro. Es desafiante, valiente y obstinada.

Imagina un mundo donde las personas con adicción, sus familias y los refugiados espirituales ya no se escondan en la vergüenza. Donde el lenguaje de la esperanza no sea edulcorado ni edulcorado, sino honesto, crudo y vivo. Donde las comunidades creen espacios de sanación y conexión que nadie tenga que ganarse.

La esperanza no es solo para los fuertes ni para los santos. Es para los incrédulos, los exhaustos y los desconsolados. Es para ti. Es para quien cree que no le queda nada. Incluso aquí, incluso ahora, la esperanza aún respira. Puedes hablar de ella, compartirla y construirla, ladrillo a ladrillo, historia tras historia, hasta que la desesperación no tenga dónde esconderse.

Preguntas de reflexión para el capítulo 9

¿Cuándo alguien te ha dado esperanza de una manera sincera y directa, en lugar de edulcorada? ¿Cómo te impactó?

¿En qué momento de tu vida o de tus relaciones podrías empezar a nombrar pequeños milagros como una forma de alimentar la esperanza?

¿Cómo puedes hablarte de esperanza a ti mismo y también al adicto o al ser querido que te acompaña?

¿Qué pasos puedes dar para ayudar a construir una cultura de esperanza en tu familia, tus amistades o tu comunidad, donde la vergüenza y la desesperación no tengan la última palabra?

Capítulo 10
Creando espacio para la sanación, la recuperación y la conexión espiritual

La historia de Adán
Pertenencia que salva vidas

Adam no es el tipo de persona con la que la mayoría de las iglesias saben qué hacer. Lleva ocho años sobrio y limpio, pero su pasado está escrito por todas partes; los tatuajes le suben por el cuello y la cara como un mapa de supervivencia. Ha pasado un tiempo en prisión. Viaja con un club de motociclistas sobrios. Y suelta la palabrota como si fuera una coma. Si buscas un lenguaje eclesiástico refinado, Adam te ofenderá antes de saludarte.

Pero pregúntele a mi esposa, Tami, que nombre a cinco personas en las que más confía en nuestra Comunidad de Recuperación GRATUITA, y Adam será uno de ellos, siempre.

La semana antes de que Adam compartiera su historia como nuestro narrador invitado del sábado por la noche, se sentó frente a mí en mi oficina, nervioso como solo lo sienten los verdaderamente valientes. Había sobrevivido a traumas y abusos, años de autodestrucción con drogas y alcohol, y muros de prisión que intentaron quebrarlo. Había logrado recuperar la sobriedad y había aprendido la lenta y ardua tarea de reconstruir una vida. No les temía a las multitudes. Pero sí le asustaba ser vulnerable.

Le pregunté: "¿Por qué estás aquí en FREE? ¿Por qué sigues viniendo?"

Adam bajó la mirada un momento y luego volvió a levantarla, con la voz baja pero firme. "Ryan… He hecho cosas terribles. No entiendo la Biblia. Pero desde el primer día, me dijeron que pertenecía a este lugar. Me dijeron que este era mi hogar. Me dijeron que Dios me ama. Y de hecho estoy empezando a creerlo".

Eso es pertenencia. No es un eslogan. No es una estrategia ingeniosa para el crecimiento de la iglesia. Es un salvavidas.

La noche en que Adam compartió su historia, se subió a nuestro pequeño escenario, con la voz temblorosa, mientras nos contaba su pasado: el trauma, el abuso, las drogas, las celdas. Y entonces, el milagro de la libertad. Al terminar, la sala se puso de pie en una ovación. No fue por la perfección. Ni siquiera por sobrevivir. Fue por el coraje de plantarse en medio de los escombros y hablar de vida.

Adam suele ser el primero en entrar, preguntando cómo puede ayudar. Y esto es lo que he aprendido observándolo: cuando las personas finalmente se dan cuenta de quiénes son, de que son amadas, vistas y reconocidas, lo que hacen viene después. Pertenecer lo cambia todo.

Este es el corazón de FREE Recovery Community: crear espacios donde las personas que han sido expulsadas, quemadas por la religión o agobiadas por la adicción descubran que no están solas y que la gracia también tiene lugar para ellas.

Por qué el espacio importa más que los programas

Los programas pueden ser útiles. Las clases, los planes de estudio, los pasos y las estrategias pueden influir. Pero el espacio, ese espacio sagrado donde alguien como Adam puede entrar y respirar de nuevo, cambia vidas. La gente no viene a FREE porque tengamos la programación más sofisticada o el mejor café (aunque, seamos sinceros, sí tenemos el mejor café). Vienen porque sienten algo real: un lugar donde pueden presentarse destrozados, confundidos, enojados o escépticos sin ser ignorados.

A los adictos, a sus seres queridos y a los refugiados espirituales se les han vendido demasiadas soluciones fáciles. Les han dado eslóganes fáciles como "Solo reza más fuerte", "Piensa en positivo", "Todo sucede por una razón" o "Un retiro de fin de semana lo resolverá todo". Les han prometido que un solo libro, un solo servicio religioso o una sola charla motivacional borrarían años de dolor y trauma. A algunos les dijeron que, si su fe era lo suficientemente fuerte, su familiar no recaería, o que sus propias dudas los convertían en el problema. Y cuando esas promesas fallaron, la vergüenza los hirió aún más. Estos atajos no solo no sanan; dejan cicatrices.

Para la madre que se ha quedado despierta noche tras noche escuchando el crujido de la puerta al abrirse, para el hermano que ha visto a su hermano autodestruirse, para el refugiado espiritual que abandonó la iglesia tras ser culpado de su propio dolor, no eres invisible. No eres tonto por sentirte a la defensiva o exhausto. Eres visto. Eres escuchado. Eres valorado.

Lo que sana es la presencia, no el refinamiento. Es la silla abierta, el oído atento, el abrazo que no pide nada a cambio. El espacio le dice a la gente: importas antes de arreglarte. Perteneces antes de creerlo todo.

En FREE, hemos visto una y otra vez que cuando el espacio es seguro, los corazones se abren. El adicto se atreve a susurrar la verdad. El ser querido se atreve a llorar. El refugiado espiritual se atreve a preguntar. El espacio es donde Dios puede hacer lo que los programas por sí solos nunca podrían.

Hospitalidad y bienvenida radicales

La hospitalidad radical no se trata de perfección pulida ni de charlas informales y educadas. No se trata de saludos preestablecidos ni de cortesías superficiales. Es una bienvenida cruda e inoportuna que corre el riesgo de acercarse al dolor ajeno. Es sentarse junto a la persona que se siente invisible. Es elegir estar presente cuando su historia te incomoda o desafía tus suposiciones.

Para los adictos y sus seres queridos, para quienes abandonaron las iglesias por vergüenza o sufrimiento, la hospitalidad no es opcional, es oxígeno. Una bienvenida genuina puede disipar años de sospecha. Puede abrir un corazón que estuvo cerrado hace mucho tiempo.

Pero aquí está la verdad: la bienvenida radical no es posible sin autenticidad. Quienes han sobrevivido a la adicción o han sido perjudicados por la religión pueden detectar la amabilidad falsa en segundos. Ya les han vendido máscaras y actuación. No necesitan más de eso, necesitan autenticidad. Cuando entras en una habitación y ves a personas plenamente ellas mismas, desordenadas, imperfectas, sin pulir, te das el permiso para respirar. La autenticidad dice: "No tienes que modificarte para encajar aquí".

En FREE, la bienvenida radical se da porque las personas no tienen que fingir. Los líderes admiten sus propias cicatrices. Los voluntarios ríen a carcajadas, lloran abiertamente y se quitan la máscara al entrar. Hemos aprendido que la hospitalidad no se trata de crear un ambiente perfecto, sino de crear uno auténtico. Cuando nos mostramos tal como somos, les mostramos a todos que ellos también pueden hacerlo.

Este tipo de bienvenida puede ser incómoda. Implica estar dispuesto a escuchar historias que desmientan tus suposiciones, a sentarte al lado de alguien que no se parece ni habla como tú, a arriesgarte a que tu propia fe se vea sometida a prueba o se reforme. Pero esa incomodidad es sagrada, es donde nace la conexión. La hospitalidad radical dice: "No te exigiré que te conviertas en otra persona para que puedas pertenecer".

La autenticidad transforma la hospitalidad de un simple apretón de manos en un salvavidas. Convierte una habitación en un refugio. Y le recuerda a cada persona que entra por la puerta: no estás aquí para impresionar, estás aquí para ser visto.

Construyendo confianza a través de la coherencia y la vulnerabilidad

La confianza no se logra con un cálido apretón de manos ni con un sermón conmovedor. Se construye en cien pequeños momentos: estar presente, cumplir la palabra, admitir los propios defectos. En comunidades como FREE, muchas personas llegan con cicatrices de iglesias o relaciones donde se traicionó la confianza. Están pendientes de si su bienvenida durará más allá del primer saludo.

La constancia dice: "Sigo aquí cuando la emoción se desvanece". La vulnerabilidad dice: "No tienes que fingir porque yo tampoco estoy fingiendo". Cuando los líderes se arriesgan a ser honestos sobre sus propias heridas, les dan permiso a otros para dejar de actuar y comenzar a sanar.

Es un trabajo lento, a veces frustrante. Pero cuando la confianza empieza a crecer, los muros se derrumban. El adicto empieza a creer que la recuperación podría perdurar. El refugiado espiritual empieza a sospechar que, después de todo, Dios no lo ha abandonado. Y el ser querido de un adicto se atreve a tener esperanza de nuevo.

Reconstruir la confianza es difícil, pero la recuperación nos demuestra que es posible. La recuperación misma demuestra que las cosas rotas se pueden recomponer. Cuando has superado tu propia oscuridad y has experimentado la gracia, empiezas a creer que la confianza se puede recuperar, no de la noche a la mañana, no de forma perfecta, sino poco a poco. El proceso es complicado, pero cada pequeño acto de integridad, cada palabra honesta, cada vez que te presentas cuando prometes, pone otro ladrillo. La recuperación nos enseña que la confianza no se trata de perfección, sino de persistencia.

Integrando la conexión espiritual sin bagaje religioso

La espiritualidad que sana no intimida ni manipula. Invita. Crea espacio para el silencio, las preguntas y la duda. Dice: "Ven tal como eres, incluso si estás enojado, incluso si no estás seguro". No exige que memorices los versículos correctos, que te purifiques ni que demuestres tu valía para acercarte a lo sagrado. Entiende que algunas personas se estremecen ante las palabras "iglesia" o "Dios" porque se han utilizado como arma en su contra.

Este tipo de espiritualidad no se esconde tras representaciones refinadas ni jerga religiosa. Se reúne con la gente en cocinas, porches, cafeterías o sentados tranquilamente en un círculo de sillas donde nadie tiene que fingir. Sabe que un susurro de "ayuda" es tan poderoso como una oración gritada. Reconoce que una lágrima compartida puede tener tanta carga sagrada como cualquier sermón. Y celebra que el descubrimiento de lo sagrado a menudo ocurre en pequeños momentos cotidianos: una conversación que llega más profundo de lo esperado, la letra de una canción que rompe un corazón endurecido, un amanecer tranquilo después de una noche de insomnio.

Cuando nos deshacemos del bagaje, la espiritualidad se centra menos en defender doctrinas y más en conectar corazones. Se convierte en un recordatorio de que Dios no se siente amenazado por tus dudas ni tu ira, y que la gracia es lo suficientemente grande como para sostener cada parte de ti. Permite a quienes han sido quemados por la religión respirar de nuevo y comenzar a creer que lo sagrado no los ha abandonado.

Dios se ha encontrado con personas en lugares crudos y auténticos desde el principio. En Éxodo, Dios se encuentra con Moisés no en la sala del trono, sino en una zarza ardiente en la ladera de una montaña solitaria. En los Evangelios, Jesús se encuentra con personas en caminos polvorientos, en mesas con recaudadores de impuestos, junto a pozos con marginados y en mares tempestuosos con amigos aterrorizados. El Cristo resucitado se encuentra con sus seguidores en una playa común y corriente, preparando el desayuno sobre una fogata. Las Escrituras nos siguen diciendo: Dios aparece en los lugares menos esperados, donde finalmente podemos dejar atrás nuestro equipaje y ser honestos sobre nuestras heridas. El equipaje que llevamos, la vergüenza, las reglas rígidas, el miedo a no ser suficientes, nos impide entrar en esos espacios sagrados. Soltarlo no se trata de rechazar la fe; se trata de adentrarse en una conexión más profunda y verdadera con Dios, quien ya está allí, esperando en el caos y lo cotidiano.

El poder de las historias compartidas y la sanación comunitaria

Las historias sanan donde los sermones no pueden. Atraviesan la vergüenza, desmantelan estereotipos y nos recuerdan que no estamos solos. Cuando alguien se pone de pie y dice: "Este es mi naufragio, y sigo aquí", crea una especie de desafío sagrado contra la desesperación. Las historias compartidas le dicen al adicto, al ser querido y al escéptico que el peor día no tiene la última palabra.

La sanación comunitaria ocurre cuando esas historias resuenan en la habitación y se nos graban en los huesos. Es cuando el padre que una vez juró que nunca perdonaría aprende a relajar sus puños tras escuchar a otro padre hablar de perdón. Es cuando la mujer que creía haber perdido el control se reconoce en una historia y se da cuenta de que no es así. Las historias no lo solucionan todo. Pero abren puertas. Crean posibilidades donde solo había resignación.

Creando ritmos que sustentan la esperanza

La esperanza no se sustenta solo con inspiración; necesita ritmos que la impulsen en los días cotidianos. Las comunidades de sanación construyen hábitos que fomentan la conexión: comidas compartidas, pequeños actos de servicio, recordar a quienes hemos perdido, celebrar hitos que para otros podrían parecer pequeños, pero que aquí son monumentales: treinta días de sobriedad, un límite establecido, una llamada telefónica para reconciliarse.

Estos ritmos nos recuerdan que el progreso rara vez es ostentoso. A menudo es un latido lento y constante en el fondo de nuestras vidas. Prácticas sencillas, como encender una vela por alguien que lucha, hacer una pausa en silencio antes de comer, enviar un mensaje que diga

"No estás solo", se vuelven sagradas con el tiempo. Afianzan la esperanza, incluso cuando las olas siguen llegando.

Estas anclas son lo más importante en las tormentas. Cuando hay una recaída, cuando los funerales se adelantan demasiado, cuando viejas heridas se abren y todo se siente frágil, estas pequeñas y constantes prácticas nos mantienen firmes. Nos recuerdan que la esperanza no depende de mares en calma ni de resultados perfectos. La esperanza perdura porque elegimos, una y otra vez, apoyarnos mutuamente, celebrar los pequeños milagros y seguir creyendo que, incluso en el caos, la luz sigue abriéndose paso.

Visión de cierre
Una mesa lo suficientemente grande para todos nosotros

Imagina una mesa donde nadie tenga que fingir una sonrisa para ganarse un lugar. Imagina un espacio donde adictos, seres queridos y refugiados espirituales se sientan juntos, donde las cicatrices, las dudas, las preguntas y el desorden no sean obstáculos, sino insignias de supervivencia. Imagina una sala donde nadie tenga que preguntarse si pertenece, porque pertenecer es el punto de partida, no la recompensa.

El mundo anhela este tipo de mesa. Demasiados están afuera, pegados a las ventanas, convencidos de que la gracia tiene una lista exclusiva de invitados. Demasiados han sido rechazados por iglesias que priorizaban las reglas sobre las personas. A muchos se les ha dicho que tenían que arreglarse antes de poder volver a casa.

Y esta es exactamente la imagen que Jesús pinta en Lucas 15 con la historia del hijo pródigo. El hijo menor toma su herencia, lo malgasta todo en una vida escandalosa y quema demasiados puentes. Toca fondo. Está arruinado, hambriento y solo. El miedo le impide volver a casa, está seguro de que enfrentará la vergüenza y la condenación, pero no tiene a quién más recurrir. Así que comienza el largo camino de regreso. Y mientras aún está lejos, el padre, que representa a Dios en la historia, lo ve, se llena de compasión y corre hacia él. No le sermonea ni le castiga. Organiza una fiesta. Convoca a toda la comunidad a celebrar porque, como dice, "Este hijo mío estaba perdido, pero ahora está en casa". El hijo no tuvo que ganárselo. Simplemente apareció. Ese tipo de amor siempre romperá las barreras de la vergüenza.

Y aquí está la verdad: la gracia no escasea, y la mesa no es pequeña. La invitación está abierta de par en par. Y está en nosotros, no en una institución distante, ni en nadie más, construirla. No sucederá por casualidad. Se necesita valentía para arriesgar el amor, para desmantelar la vergüenza, para elegir la conexión por encima de la comodidad. Se necesita esfuerzo para mirar a un mundo herido a los ojos y decir: "Perteneces aquí, tal como eres".

Esta es la tarea urgente y sagrada que tenemos por delante: crear comunidades donde nadie quede excluido. Poner mesas lo suficientemente grandes para los incrédulos, los enojados, los destrozados y los valientes. Vivir como si realmente creyéramos que el amor es más fuerte que el miedo y que la esperanza aún respira, incluso aquí, incluso ahora.

Preguntas de reflexión para el capítulo 10

Pertenencia y barreras: Al pensar en la historia de Adán y el hijo pródigo, ¿qué barreras te han impedido a ti o a un ser querido sentirte parte de algo? ¿Cómo podría una comunidad de acogida radical empezar a derribar esas barreras?

Programas vs. Presencia: Reflexiona sobre un momento en tu vida en el que la presencia importaba más que los programas bien definidos. ¿Cómo puedes contribuir personalmente a crear espacios sagrados donde las personas puedan presentarse tal como son sin necesidad de actuar?

Autenticidad y confianza: ¿Por qué crees que la autenticidad y la vulnerabilidad son esenciales para que crezca la confianza? ¿Qué pequeños pasos prácticos podrías dar para generar confianza con alguien que ha sido perjudicado por la religión o las relaciones?

Creando una mesa más grande: Imagina tu propia "mesa más grande". ¿A quién invitarías a sentarse a tu lado, aunque te sintiera incómodo? ¿Qué riesgos estás dispuesto a correr para construir o participar en una comunidad donde nadie se quede afuera?

Capítulo 11
Espacios de acogida radical

Cuando la puerta es completamente nueva
Dando la bienvenida a lo desconocido

Hace varios años, me encontraba frente a una sala llena de gente, oficiando el funeral de un joven que había muerto por una sobredosis. El aire era denso, con esa pesadez que se siente en el pecho. Sus padres estaban destrozados. Fotos de su infancia se alineaban en una mesa al fondo de la sala: instantáneas de uniformes de béisbol, sonrisas tontas y acampadas familiares que ahora parecían de otra vida.

Afuera, en la acera, un grupo de sus amigos se apiñaba, fumando cigarrillos como si fueran salvavidas. No eran críticos empedernidos de la iglesia ni excristianos furiosos. La mayoría nunca había estado en una iglesia. No llevaban historias de humillación desde un púlpito ni de exclusión de la congregación. Llevaban algo más silencioso: incertidumbre. No sabían qué hacer, cómo actuar ni si pertenecían.

Los observé mientras dudaban en las puertas, uno de ellos preguntando en un susurro: "¿Se nos permite entrar?". Otro jugueteaba con su encendedor, mirando las vidrieras como si fueran sistemas de alarma. No era la rebeldía lo que los detenía; era el miedo, miedo a ser juzgados, miedo a sobresalir, miedo a desconocer las reglas tácitas. No estaban seguros de si iban bien vestidos, si se pararían en el momento menos indicado o si alguien podría fulminarlos con la mirada al ver el olor a humo en sus chaquetas.

Cuando finalmente entraron, sus ojos recorrieron la sala, buscando pistas sobre cómo comportarse. Algunos se quedaron atrás, con los hombros encorvados, como si se disculparan por estar allí. En ese momento, me impactó una dura verdad: muchos refugiados espirituales no están enojados con la iglesia, simplemente les resulta desconocida. No llegan con un equipaje que desempacar; llegan con preguntas, dudas y el anhelante deseo de llorar a su amigo sin sentirse fuera de lugar.

Ese día me recordó que la bienvenida radical no es solo para quienes están quemados por la religión. También es para quienes nunca han cruzado el umbral de una iglesia. Si el cuerpo de Cristo, o cualquier comunidad de sanación, no puede dar cabida a personas como ellos, personas de pie en la acera, temblando de incertidumbre, entonces estamos fallando a la misma misión que decimos llevar adelante.

Más allá de dos horas el domingo
Espacio que sana toda la semana

La bienvenida radical no empieza ni termina entre el canto inicial y la bendición final. Un espacio de sanación no se define por un lapso de dos horas un domingo por la mañana, sino que se construye en las horas normales de la semana. La sanación ocurre en las silenciosas llamadas telefónicas a medianoche, el mensaje que dice "Estoy pensando en ti" y los momentos de risa que se abren paso entre las lágrimas un miércoles por la tarde.

Si las puertas están cerradas, literal o figurativamente, cuando llegan esos momentos, la gente aprende que la iglesia no es donde se vive de verdad. (Y para ser sinceros, FREE se reúne los sábados por la noche, no los domingos. Nos gusta bromear diciendo que Dios se manifiesta con la misma fuerza los sábados y que el café sabe mejor sin despertador el domingo por la mañana).

En FREE, abrimos toda la semana. Nuestra cafetería está abierta al público y, a menudo, es el primer contacto con nuestra comunidad. A veces, el espacio que creamos es bastante literal: una habitación cálida y acogedora donde el aroma del café recién hecho los recibe antes que la vergüenza. Y cuando cruzan la puerta, es un compañero, no un superior, quien los recibe, escucha su historia y les recuerda su lugar. Este pequeño y tangible espacio está directamente relacionado con nuestra misión: romper el silencio de la adicción y crear un espacio para la sanación, la recuperación y la conexión espiritual.

Esa misión es nuestra ancla y nuestro filtro. Nos dice a qué decir sí y a qué decir no. Sin ella, corremos el riesgo de llenar nuestras agendas con actividades que parecen ajetreadas, pero que no nos sanan. La claridad de la misión previene el agotamiento y genera confianza. Nos mantiene con los pies en la tierra cuando las oportunidades o los desafíos nos tientan a dispersar nuestra energía. Cuando cada reunión, evento o conversación surge de la misión, la comunidad percibe coherencia y la esperanza empieza a echar raíces.

Para los líderes religiosos, no se trata solo de programar más eventos. Se trata de alinear cada esfuerzo, ya sea un grupo de recuperación, una reunión social o una conversación honesta, con el propósito más profundo de ser un espacio donde quienes sufren encuentran sanación y conexión. Cuando la misión impulsa el espacio, no es solo un evento en un calendario, es un refugio vivo que dice: no estás solo.

Unidos por la misión, no por la uniformidad

La bienvenida radical no exige un acuerdo sobre todas las cuestiones religiosas, políticas o filosóficas. No exige que todos vean el mundo de la misma manera ni reciten los mismos credos. Lo que une a una verdadera comunidad no es la uniformidad, sino su misión.

En los espacios de sanación, encontrarás personas que votan, creen y piensan de forma diferente. Pero si les une la misión compartida de romper el silencio de la adicción, crear espacios de recuperación y conexión espiritual, y amar a las personas donde se encuentran, esas diferencias se convierten en fortalezas en lugar de amenazas.

Esto no significa que las conversaciones siempre serán cómodas. Habrá desacuerdos. Surgirán preguntas. A veces dolerán. A veces te dejarán preguntándote si siquiera perteneces a la misma sala. Pero esta es la ardua y sagrada labor de la comunidad: permanecer en la mesa cuando sería más fácil alejarse. No permitir que el desacuerdo destruya la misión. Elegir, incluso en la incomodidad, apoyarnos mutuamente en lugar de alejarnos.

Para las personas con adicción, sus seres queridos y los refugiados espirituales, esto es muy importante. Ya saben lo que se siente estar aislado, que les digan que no pertenecen, que los traten como un problema que resolver o una carga que gestionar. El mundo ya ha excluido bastante. La única manera de avanzar es caminar de la mano hacia una meta común, incluso cuando sea complicada. Esto es lo que hace creíble la esperanza; no es sencilla ni indolora. Es un amor valiente y desafiante que dice: "No permitiremos que las diferencias nos impidan sanar juntos".

Cuando un adicto en recuperación y un refugiado espiritual pueden sentarse junto a un feligrés de toda la vida y los tres encuentran esperanza en la misma mesa, ese es el reino de Dios abriéndose paso. La unidad basada en la misión no borra la identidad ni la convicción, las entrelaza en algo hermoso. Es una rebelión silenciosa pero poderosa contra un mundo que sigue trazando límites y exigiendo posiciones. Le dice al mundo que observa: puedes pertenecer aquí incluso antes de creer, e incluso si nunca crees exactamente como nosotros.

Preguntas de reflexión para el capítulo 11

Acogiendo lo desconocido: ¿Alguna vez has estado en un espacio donde no sabías cómo actuar o si pertenecías? ¿Qué sentiste en ese momento y qué podría haberte ayudado a cruzar la puerta antes?

La misión como filtro: ¿De qué maneras puede la misión de tu comunidad servir de guía para saber a qué decir sí o no? ¿Cómo podría esta claridad crear espacios de sanación más intencionales?

Diversidad y misión: ¿Cómo ha visto que la unidad en torno a una misión compartida supera las diferencias de cosmovisión o creencias? ¿Qué desafíos y oportunidades pueden surgir de esta diversidad?

Su papel en la bienvenida radical: ¿Qué paso tangible puede dar esta semana para brindar una bienvenida radical a alguien que no está familiarizado con los espacios espirituales o de recuperación?

Capítulo 12
Prácticas que perduran

La historia de Ethan: Los pequeños pasos salvan vidas

Ethan se sentó en el borde de su colchón, de esos que habían visto demasiadas noches en demasiados pisos. El reloj de su teléfono marcaba las 5:14 a. m. No había dormido mucho, pero esto era diferente a las noches en que el vodka lo mantenía despierto. Esta vez, era el peso de mantenerse sobrio. Día tres. Le dolía la cabeza. Le temblaban las manos. Y pensar en todo el día que se extendía ante él era como estar al pie de una montaña sin equipo, sin mapa y sin ninguna posibilidad.

Las voces en su cabeza eran despiadadas. Nunca lo lograrás. Lo has arruinado todo demasiadas veces. ¿Para qué molestarse? Casi buscó la botella que había escondido debajo del fregadero, pero recordó que ya no estaba. La había tirado la noche anterior, furioso y desesperado, y luego lloró al darse cuenta de cuánto de sí mismo estaba envuelto en esa botella vacía.

Entonces, entre la bruma del pánico, recordó lo que había dicho el chico de la reunión: "Empieza poco a poco. Haz tu cama. Bebe agua. Llama a una persona". Sonaba ridículo. Pero no tenía nada más. Así que tiró de la manta sobre el colchón, torcida y abultada, pero lista. Bebió un vaso de agua. Luego cogió el teléfono y marcó el número garabateado en el reverso de un recibo del supermercado.

El hombre del otro lado respondió aturdido, pero su voz se suavizó al oír el temblor de Ethan. "Hiciste bien en llamar", dijo. "Así es como empieza". Ethan no sentía que nada estuviera empezando. Se sentía destrozado, avergonzado y exhausto. Pero un pequeño hilo de esperanza, casi invisible, se abría paso entre la desesperación. No tenía que conquistar toda la montaña hoy. Solo tenía que dar el siguiente pequeño paso.

Esa mañana no parecía triunfal. No hubo fuegos artificiales ni una transformación instantánea. Pero fue un comienzo, y los comienzos, por pequeños que sean, salvan vidas.

Creando hábitos saludables que funcionen para ti

La recuperación y el crecimiento espiritual rara vez se basan en grandes saltos. Se basan en pequeños hábitos constantes que te anclan cuando todo lo demás se tambalea. El mundo vende la idea de que la transformación tiene que ser llamativa o inmediata, un momento viral, una oración perfecta, una experiencia única que lo soluciona todo. Pero esa es una mentira que mantiene a demasiadas personas estancadas.

La verdad es que crear hábitos duraderos se trata de encontrar lo que realmente funciona para ti, no lo que le funcionó a la persona de al lado o al influencer en redes sociales. Algunas personas encuentran su centro en la oración matutina o leyendo las Escrituras. Otras lo encuentran en la meditación silenciosa, escribiendo un diario o dando un paseo por el barrio al atardecer. Quizás sea música, ejercicios de respiración o reunirse semanalmente con amigos de confianza para hablar con sinceridad sobre el desorden. La forma no importa tanto como la constancia y la autenticidad.

Para los refugiados espirituales, esto es aún más importante. No tienen que heredar las mismas prácticas de una tradición que los lastimó. No tienen que encender las mismas velas ni recitar las mismas palabras si se sienten como cadenas en lugar de como salvavidas. Son libres de desarrollar hábitos que los conecten con lo significativo y sanador. El objetivo no es replicar la fórmula de otra persona, sino crear un espacio donde su alma pueda respirar.

Los hábitos saludables son más que requisitos, son salvavidas. Te ayudan a centrarte cuando el caos de la vida amenaza con hundirte. Te enseñan que estar presente importa incluso cuando no tienes ganas. Con el tiempo, estos ritmos crean estabilidad donde antes había crisis. Poco a poco, reconfiguran tu mente para que confíes en que la esperanza es posible. Un buen hábito puede ser lo que te mantiene sobrio en un mal día, el hilo que te conecta de nuevo con la comunidad cuando la vergüenza te dice que te aísles, o el momento que te recuerda que Dios no se ha ido a ninguna parte.

A continuación, se presentan algunos hábitos que debes tener en cuenta al crear el tuyo propio:

Práctica de gratitud: escribe tres cosas por las que estás agradecido cada día, incluso en los días en los que sentir gratitud parece imposible.

Registro diario: envía un mensaje de texto o llama a un amigo o mentor de confianza para compartir honestamente cómo estás.

Reflexión u oración tranquila: Reserva cinco minutos para respirar, reflexionar o hablar con Dios, incluso si lo único que puedes decir es "ayuda".

Escritura o lectura sagrada: Lea un pasaje breve de las Escrituras u otro texto significativo, no como una tarea sino como alimento.

Actos de bondad: Realice un pequeño acto intencional de bondad todos los días, incluso si nadie lo nota.

Movimiento: Sal a caminar, estírate o haz un ejercicio sencillo para reconectar tu cuerpo y tu mente.

Repaso del final del día: Antes de acostarte, haz una pausa para observar un momento en el que apareció una luz, por pequeña que sea.

Recuerda la historia de Ethan: no fue un gran gesto lo que lo salvó, fue una cama mal tendida, un vaso de agua y una llamada. Pequeños pasos como estos pueden salvar vidas.

Y aquí está la cuestión: tus hábitos pueden cambiar con el tiempo. Lo que te ancla en el primer año de recuperación puede no servirte en el quinto. No pasa nada. La clave es seguir presente, seguir experimentando y ser indulgente contigo mismo. Incluso los hábitos pequeños e imperfectos son actos de resistencia contra la desesperación. Son declaraciones de que vale la pena cuidar tu vida.

Servir a los demás como práctica espiritual

Llega un punto en la recuperación y el crecimiento espiritual en el que mirar hacia dentro no basta. La sanación empieza en tu interior, pero nunca se queda ahí. Servir a los demás no es solo un complemento ni una tarea que cumplir, es un salvavidas que te mantiene con los pies en la tierra y te recuerda que tu dolor puede convertirse en un propósito.

Servir rompe con el egocentrismo, esa voz interior que te dice que todo es inútil o que toda gira en torno a ti. Cuando le sirves un café a alguien, le ofreces transporte, limpias un lugar de reunión o simplemente le preguntas a alguien cómo está, estás declarando que tu historia no se trata solo de tus heridas. Estás diciendo: "Soy parte de algo más grande".

En FREE, nos preguntan constantemente sobre oportunidades de voluntariado. La gente no se une a nosotros para servir buscando reconocimiento ni que alguien les diga lo geniales que son. Se ofrecen porque saben lo que está en juego. Saben que servir a los demás es la manera de salir de sus propios pensamientos, la manera de silenciar la vergüenza. Un susurro que dice que no importan. Saben que es una de las cosas que los mantiene sobrios. He visto a personas en recuperación temprana limpiar mesas, apilar sillas o dar la bienvenida a los recién llegados en la cafetería, y he visto cómo les vuelve la luz en los ojos al darse cuenta: " Esto importa ... Yo importo".

El servicio nos saca de nosotros mismos. Rompe la ilusión de que nuestro dolor o nuestra situación son únicos. Nos recuerda nuestro vínculo común, que todos llevamos heridas, que nos necesitamos unos a otros y que ninguno está insalvable. Servir nos saca del aislamiento y nos devuelve a la familia humana, donde la gracia está viva y activa.

Servir a los demás realmente nos salva. No se trata de pulir tu reputación ni de ganarte el favor de Dios, sino de crear espacio para que la gracia fluya a través de ti. Es una práctica espiritual que profundiza tu camino, reenfoca tus prioridades y sanas heridas que ni siquiera sabías que aún cargabas.

Jesús lo ejemplificó a la perfección. Lavó los pies sucios de sus amigos, tocó a quienes otros evitaban y alimentó a multitudes sin pedirles credenciales. No usó el servicio como una forma de demostrar valía; lo usó como una forma de comunicar amor. Cuando servimos, reflejamos ese tipo de amor radical.

Servir no tiene por qué ser glamoroso. No tiene por qué ser algo grandioso. Puede consistir en recoger las sillas después de una reunión, enviar un mensaje de ánimo a alguien que está pasando por un momento difícil u ofrecer un oído atento sin juzgar. Y aquí está el secreto: cuando sirves, a menudo terminas siendo tú quien sana un poco más.

Un maratón, no un sprint
No hay líneas de meta en la recuperación ni en la fe

Si buscas una solución rápida, la recuperación te romperá el corazón. La fe también. Ninguna ofrece medallas por asistencia perfecta ni una meta donde finalmente puedas decir: "He llegado". La vida espiritual y el camino de la recuperación son maratones sin una meta final que superar; son caminos que duran toda la vida y evolucionan.

Esta verdad puede ser frustrante, sobre todo cuando estás agotado. Queremos hitos que demuestren que hemos "terminado", que hemos conquistado el caos. Pero la realidad es que no hay un punto de llegada donde la vida se vuelva de repente sin dolor ni esfuerzo. Hay tramos de camino donde te sentirás fuerte, y habrá cuestas que se sentirán interminables. Algunos días sentirás que estás corriendo; otros, apenas avanzarás. Ambos cuentan. Avanzar es avanzar.

Para los adictos, sus seres queridos y los refugiados espirituales, esto es liberador si lo permites. No tienes que vivir bajo la presión de la perfección ni temer que un tropiezo arruine tu progreso. Las recaídas, las dudas o los contratiempos no te descalifican, sino que te recuerdan que la carrera sigue en marcha y que sigues en ella. No hay marcadores ni medallas por tener la historia más limpia. Lo que importa es que sigas presente, paso a paso. Y cuando sigues presente, sucede algo poderoso: empiezas a compartir el don. Un principio fundamental de la recuperación nos enseña que, para conservar el don, debes compartirlo. Tu presencia, tu historia y tu disposición a servir se convierten en un salvavidas para quienes aún no están seguros de si la esperanza es real. Cada vez que te presentas, ya sea para servir café, ofrecer un abrazo o simplemente escuchar, mantienes viva tu propia esperanza al sembrarla en otra persona.

Piensa en el corredor de largas distancias: se controla el ritmo, se hidrata y descansa cuando lo necesita. No se agota intentando correr todo el recorrido. Del mismo modo, no tienes que "ganar" en la recuperación ni en la espiritualidad, solo tienes que mantenerte en el juego. Celebra las pequeñas victorias: el día que elegiste conectar con otros en lugar de aislarte, el momento en que te perdonaste un poco más rápido, el límite que mantuviste incluso cuando dolía.

Y aquí está la gracia de todo esto: Dios camina este maratón contigo. Incluso cuando dudas, incluso cuando estás enojado o insensible, incluso cuando te arrastras a gatas, no estás solo en el camino. La esperanza no te espera en la meta, corre a tu lado ahora mismo.

Preguntas de reflexión para el capítulo 12

Pequeños comienzos: Piensa en la historia de Ethan: tender su cama, beber agua y hacer una llamada. ¿Qué pequeño y sencillo hábito podrías empezar hoy que te ayude a sentirte seguro cuando la vida se sienta abrumadora?

Hábitos que te anclan: ¿Qué prácticas, espirituales o prácticas, te han ayudado a sentirte arraigado en el pasado? ¿Hay hábitos que has evitado por miedo, vergüenza o experiencias pasadas con la religión? ¿Cómo podrías experimentar con hábitos nuevos o reinventados ahora?

Servir como supervivencia: Reflexiona sobre una ocasión en la que ayudar a alguien cambió tu perspectiva o alivió tu dolor. ¿Cómo podría el hecho de dar un paso al frente para servir, aunque sea de forma pequeña, sanarte hoy?

Mentalidad de maratón: ¿En qué momentos de tu recuperación o camino espiritual te sientes tentado a buscar una meta? ¿Qué significaría asumir esto como una maratón en lugar de un sprint y perseverar incluso cuando el progreso parezca lento o incierto?

Capítulo 13
Permanecer en el juego a largo plazo

El largo arco de la curación

Caleb no había rezado en quince años. Desde la noche en que salió de una reunión en el sótano de una iglesia y juró que nunca volvería a entrar en un espacio religioso. Demasiadas promesas incumplidas, demasiadas miradas de reojo, demasiados sermones que parecían acusaciones. La fe, para Caleb, era un juego para quienes podían fingir mejor que él.

Pero la adicción tiene una forma de desnudar a una persona. Después de otra recaída, otro trabajo perdido y otro amigo que dejó de devolver llamadas, Caleb se encontró sentado en una reunión de recuperación un martes por la noche, tratando de no mirar a nadie a los ojos. La sala estaba llena de risas y tazas de café tintineando, pero el sonido se sentía extraño. Cuando llegó el momento de que la gente compartiera, una mujer al otro lado del círculo habló con una clase de honestidad que Caleb no reconoció. No edulcoró su dolor. No fingió que lo tenía todo bajo control. Dijo: "Estaba harta. Completamente harta. Pero la gracia me encontró en un lugar que no esperaba. No fue la gracia de sermones pulidos o personas perfectas. Fue la gracia de una llamada telefónica a medianoche y un extraño que dijo: 'No estás solo'".

Algo se abrió en Caleb. No fue una luz cegadora ni una voz resonante del cielo. Fue algo pequeño, como una puerta que cruje al abrirse tras años atascada. No oró esa noche, pero se quedó después de la reunión para ayudar a apilar las sillas. Y cuando alguien lo invitó a un café a la mañana siguiente, aceptó, aunque todo su ser quería salir corriendo. Ese café lo llevó a otra reunión, la cual dio lugar a una noche en la que Caleb, por primera vez en años, susurró una oración torpe y torpe.

Caleb no encontró una religión esa noche. Lo que encontró fue un destello de fe, la sensación de que tal vez Dios no se había marchado después de todo. La recuperación se había convertido en la puerta de vuelta a una conexión espiritual que creía haber quemado para siempre. No fue sencilla ni instantánea. Pero fue real. Y real fue suficiente para empezar de nuevo.

La historia de Caleb no es única. Es el milagro silencioso que ocurre en salas de recuperación, cafeterías y conversaciones susurradas a diario. El largo camino hacia la sanación rara vez parece una línea recta. Parece más bien garabatos en una página, progresos mezclados con contratiempos, lágrimas mezcladas con risas, momentos de gracia escondidos en días comunes. La sanación es complicada, y sin embargo, es en medio de la confusión donde la esperanza sigue abriéndose paso.

Con demasiada frecuencia, imaginamos la recuperación o el crecimiento espiritual como una serie de hitos claros: lograr la sobriedad, encontrar la fe, limpiar los escombros y vivir felices para siempre. Pero la vida no se desarrolla como una historia limpia. El largo camino de la sanación se extiende a lo largo de años, y a veces décadas. Habrá temporadas en las que la fe se sienta viva y eléctrica, y temporadas en las que se sienta silenciosa. Habrá períodos en los que la sobriedad se sienta firme y otros en los que la tentación susurrará con más fuerza que nunca.

Lo que marca la diferencia no es la perfección, sino la persistencia. Sanar no se trata de no caer nunca, se trata de negarse a quedarse abajo. Se trata de apilar sillas cuando preferirías correr, contestar el teléfono cuando te da vergüenza, rezar oraciones incómodas cuando ya no estás seguro de creer. El largo camino se trata de presentarse una y otra vez, confiando en que incluso los pequeños actos de valentía se acumulan en transformación.

Para los adictos, sus seres queridos y los refugiados espirituales, esta verdad importa. Quizás estés pasando por una época de sequía donde Dios se siente distante. Quizás estés reconstruyendo la confianza tras una recaída o tras años de dudar de tu valía. Quizás te hayas alejado por completo de la fe y apenas ahora estés asomado de nuevo a la puerta. No estás descalificado. El largo camino de la sanación es lo suficientemente amplio como para albergar tu historia.

El largo arco también nos recuerda que la gracia no es una transacción única, sino una compañía constante. El Dios que acogió al hijo pródigo cuando aún estaba lejos es el mismo Dios que espera, camina y susurra en cada recaída, cada lágrima y cada regreso vacilante. La gracia no exige que lo tengas todo bajo control. Simplemente te pide que sigas dando pasos, por pequeños que sean, hacia la conexión con Dios, contigo mismo y con los demás.

Marcando tu propio ritmo
Cómo evitar el agotamiento y el aislamiento

El agotamiento es uno de los asesinos silenciosos de la recuperación y la fe. No suele anunciarse de golpe, sino que se infiltra lentamente. Se manifiesta como un agotamiento insuperable, resentimiento hacia las personas a las que intentas amar o el susurro de que, de todos modos, nada importa. Cuando estás agotado, el aislamiento empieza a parecer tentador. Alejarse se siente más seguro que arriesgarse a más decepciones.

Pero el aislamiento es territorio peligroso. La adicción, la desesperación y la vergüenza prosperan en la oscuridad. Cuando te alejas demasiado de la conexión, las viejas mentiras se hacen más fuertes: Estás solo. A nadie le importa. Nunca cambiarás. Controlar tu ritmo no es debilidad; es sabiduría. Es saber que no puedes solucionar todos los problemas, salvar a todas las personas ni asistir a todos los eventos sin acabar derrumbándote.

En FREE, hablamos mucho sobre el equilibrio. Es tentador, sobre todo después de una primera ráfaga de esperanza, lanzarse a cada oportunidad, servir en cada reunión, atender cada llamada y ser el que nunca dice que no. Pero extenderse demasiado no honra la misión ni tu propia sanación. Los límites saludables no son egoístas; son sagrados. Te permiten seguir presente a largo plazo.

Controlar tu ritmo también significa crear ritmos de descanso. Busca momentos para respirar, reír y hacer cosas que te renueven el alma. Avísale a un amigo o mentor de confianza cuando te sientas sin energía. Contáctalo antes de que el agotamiento se convierta en una espiral. Descansar no significa rendirse; significa recordar que eres humano.

Y cuando sientas la necesidad de aislarte, cuando la vergüenza te diga que estás demasiado roto o cansado, resiste el impulso de desaparecer. El momento en que quieres retirarte es el momento en que más necesitas la comunidad. Sigue presente, aunque sea de forma imperfecta. Aunque lo único que puedas hacer sea sentarte en silencio en una silla y escuchar.

Transmitiéndolo
Portadores de esperanza en un mundo herido

Una de las verdades más profundas de la recuperación es esta: para conservar el don, hay que regalarlo. La esperanza no se acumula. Crece al compartirla. Cuando has atravesado la oscuridad y has encontrado incluso un destello de luz, llevas algo que el mundo necesita desesperadamente.

Transmitir esperanza no requiere un púlpito ni una historia perfecta. No significa tener todas las respuestas ni un testimonio pulido. Se encuentra en las decisiones discretas: levantar el teléfono para saber cómo está alguien, sentarse junto a un amigo en una reunión o simplemente decir la verdad sobre tus propias cicatrices. A veces, el sermón más poderoso es una voz temblorosa que dice: "Yo también. He pasado por eso".

En FREE, he visto a personas que antes juraban no tener nada que ofrecer, convertirse en quienes mantienen unidos a los demás. Un hombre que creía irredento ahora se para en la puerta cada semana para saludar a los recién llegados. Una mujer que antes se odiaba a sí misma ahora prepara el café que alimenta nuestras conversaciones. Ninguno de ellos se propuso ser héroes, simplemente aparecieron, una y otra vez, y dejaron que la gracia actuara a través de sus acciones cotidianas.

Este tipo de transmisión no es glamorosa. No llegará a los titulares ni se ganará elogios. Pero es lo que mantiene vivas a las comunidades. Es lo que rompe ciclos de desesperación. Cuando te presentas por alguien, le recuerdas, y te recuerdas a ti mismo, que la esperanza es real.

Y a los seres queridos de las personas con adicciones: su historia importa igual de importante. Las noches que pasaron mirando al techo, las oraciones que susurraron entre lágrimas, los límites que establecieron incluso con el corazón destrozado no son en vano. Hay otra madre, hermano o pareja ahí fuera que se siente igual de impotente, igual de enojado, igual de avergonzado. Cuando dicen su verdad, les ofrecen un salvavidas. Les recuerdan que no están solos, que su dolor no es prueba de fracaso y que el amor, incluso herido y maltratado, puede ser una fuerza sanadora. Su solidaridad con otros seres queridos puede ser lo que los mantenga de pie cuando el peso se sienta insoportable.

El mundo está lleno de división, desesperación y ruido. Los adictos, sus seres queridos y los refugiados espirituales lo saben mejor que nadie. Pero cuando elegimos ser portadores de esperanza, cuando llevamos bondad donde hubo juicio, presencia donde hubo abandono y honestidad donde hubo mentiras, nos convertimos en evidencia de que otro camino es posible.

Tus cicatrices pueden convertirse en la guía de supervivencia de alguien. Tu historia, imperfecta e inconclusa, podría ser precisamente lo que mantenga viva a otra persona esta noche. No tienes que arreglarlas. No tienes que salvarlas. Solo tienes que aparecer y ofrecer lo que una vez te ofrecieron: la seguridad de que nadie tiene que caminar solo.

Visión de cierre
Los restos y la maravilla

Mira a tu alrededor, este mundo es un caos. La adicción deja un rastro de destrucción: familias rotas, cuentas bancarias vacías, confianza destrozada y vergüenza silenciosa que se esconde tras sonrisas educadas. Las comunidades religiosas también sufren sus propios desastres, heridas causadas por el juicio, la exclusión y el silencio. El caos es innegable. Pero la maravilla también está aquí. Está en el hecho de que, incluso entre los escombros, las personas siguen buscándose. Siguen apareciendo, incluso heridos y asustados. Siguen eligiendo el amor sobre la amargura, la gracia sobre la vergüenza y la conexión sobre el aislamiento.

La maravilla está en el círculo de personas tomadas de la mano en una reunión, en un abrazo ofrecido a alguien que se creía intocable, en una taza de café compartida entre dos personas que ayer eran desconocidas. Está en el momento en que alguien susurra: "Yo también", y otra persona se da cuenta de que no está loca, ni sola, ni incorregible.

Los escombros no tienen la última palabra. La gracia sí. La compasión sí. La comunidad sí. Dios sí. El Dios que corre a abrazar al hijo pródigo sigue corriendo hacia nosotros, hacia ti, ahora mismo. Y Dios no espera que te recuperes ni que perfecciones tu teología. Dios te encuentra en medio de los escombros y te reta a creer que lo maravilloso es posible de nuevo.

Esta es una invitación: sigan presentes. Sigan diciendo la verdad. Sigan construyendo comunidades donde nadie tenga que caminar solo. Elijan los pequeños pasos que conducen a la conexión. Sé quien le recuerda a alguien que la desesperación no es dueña del futuro. Porque la maravilla no está lejos, está aquí, dispersa entre los escombros, esperando a que la notemos.

Preguntas de reflexión para el capítulo 13

El largo arco de la curación: ¿En qué aspectos de tu vida necesitas aceptar la naturaleza lenta, desordenada y continua de la curación en lugar de exigir resultados instantáneos?

Agotamiento y equilibrio: ¿De qué maneras podrías necesitar mejorar tu ritmo para evitar el agotamiento o el aislamiento? ¿A quién podrías recurrir para obtener apoyo?

Transmitiendo esperanza: ¿Quién en tu vida podría necesitar escuchar tu historia, no como un discurso pulido sino como un salvavidas de solidaridad y gracia?

Elegir el asombro entre los escombros: Cuando miras los lugares rotos que te rodean, ¿dónde puedes ver también asombro, pequeños signos de gracia y conexión que te invitan a seguir adelante?

www.ingramcontent.com/pod-product-compliance
Lightning Source LLC
La Vergne TN
LVHW021342080426
835508LV00020B/2081